Principes directeurs de l'OCDE à l'intention des entreprises multinationales sur la conduite responsable des entreprises

OCDE
DES POLITIQUES MEILLEURES POUR UNE VIE MEILLEURE

Les modifications apportées en 2023 aux Principes directeurs à l'intention des entreprises multinationales sur la conduite responsable des entreprises ont été adoptées par les Adhérents à la Déclaration sur l'investissement international et les entreprises multinationales [OECD/LEGAL/0144]. La Décision sur les Principes directeurs à l'intention des entreprises multinationales sur la conduite responsable des entreprises [OECD/LEGAL/0307] a été adoptée par le Conseil de l'OCDE au niveau des Ministres. Les Commentaires sur les deux textes ont été approuvés par le Comité de l'investissement de l'OCDE. L'avant-propos est publié sous la responsabilité du Secrétaire général de l'OCDE et ne reflète pas nécessairement les positions officielles des Membres de l'OCDE.

Ce document, ainsi que les données et cartes qu'il peut comprendre, sont sans préjudice du statut de tout territoire, de la souveraineté s'exerçant sur ce dernier, du tracé des frontières et limites internationales, et du nom de tout territoire, ville ou région.

Merci de citer cet ouvrage comme suit :
OCDE (2023), *Principes directeurs de l'OCDE à l'intention des entreprises multinationales sur la conduite responsable des entreprises*, Éditions OCDE, Paris, https://doi.org/10.1787/0e8d35b5-fr.

ISBN 978-92-64-42910-9 (imprimé)
ISBN 978-92-64-92590-8 (pdf)

Les corrigenda des publications sont disponibles sur : www.oecd.org/fr/apropos/editionsocde/corrigendadepublicationsdelocde.htm.

Avant-propos

Les *Principes directeurs de l'OCDE à l'intention des entreprises multinationales sur la conduite responsable des entreprises* sont des recommandations que les gouvernements adressent conjointement aux entreprises multinationales en vue d'améliorer leur contribution au développement durable et de remédier aux répercussions négatives associées à leurs activités sur les individus, la planète et la société. Les *Principes directeurs* s'appuient sur un mécanisme de mise en œuvre sans équivalent, les Points de contact nationaux pour la conduite responsable des entreprises (PCN), établis par les gouvernements pour contribuer à renforcer l'effectivité des *Principes directeurs.*

Depuis leur création en 1976, les *Principes directeurs* ont été continuellement mis à jour afin qu'ils demeurent adaptés à leur finalité, compte tenu des défis sociétaux et de l'évolution du contexte international. La mise à jour de 2023 reflète une décennie d'expérience depuis leur dernière révision en 2011, et répond à des priorités sociales, environnementales et technologiques urgentes auxquelles les sociétés et les entreprises sont confrontées. Les principales révisions portent notamment sur les aspects suivants :

- Recommandations adressées aux entreprises afin qu'elles s'alignent sur les objectifs convenus à l'échelle internationale dans le domaine du changement climatique et de la biodiversité
- Inclusion d'attentes en matière de devoir de diligence concernant le développement, le financement, la vente, la concession, l'échange et l'utilisation des technologies, y compris la collecte et l'exploitation de données
- Recommandations sur la façon dont les entreprises devraient exercer le devoir de diligence au regard de leurs impacts et de leurs relations d'affaires liés à l'utilisation de leurs produits et services
- Meilleure protection des personnes et des groupes à risque, y compris de ceux qui signalent des préoccupations concernant la conduite des entreprises
- Mise à jour des recommandations relatives à la communication d'informations sur la conduite responsable des entreprises
- Généralisation des recommandations en matière de devoir de diligence à toutes les formes de corruption
- Recommandations adressées aux entreprises afin de faire en sorte que les activités de lobbying respectent les *Principes directeurs*
- Procédures renforcées pour garantir la visibilité, l'efficacité et l'équivalence fonctionnelle des Points de contact nationaux pour la conduite responsable des entreprises

La mise à jour a été menée à bien par les 51 Adhérents à la Déclaration de l'OCDE sur l'investissement international et les entreprises multinationales et l'Union européenne qui participent au Groupe de travail de l'OCDE sur la conduite responsable des entreprises et au Comité de l'investissement de l'OCDE. Elle a bénéficié de l'implication étroite des parties prenantes institutionnelles, à savoir *Business at OECD*, la *Commission syndicale consultative auprès de l'OCDE* et *OECD Watch*, qui représentent les points de vue de millions d'entreprises, de travailleurs et de membres de la société civile dans le monde. Le processus a également compris deux consultations publiques ouvertes aux parties prenantes intéressées du monde entier.

Les organes de l'OCDE et leurs Secrétariats respectifs ont été consultés et ont contribué aux chapitres thématiques des *Principes directeurs*, y compris le Comité de la concurrence ; le Comité de la politique à l'égard des consommateurs ; le Comité sur la gouvernance d'entreprise ; le Comité d'aide au développement ; le Comité de la politique de l'économie numérique ; le Comité de l'emploi, du travail et des affaires sociales ; le Comité des politiques d'environnement ; le Comité des marchés financiers ; le Comité des affaires fiscales ; le Comité de l'industrie, de l'innovation et de l'entrepreneuriat ; le Comité des assurances et des pensions privées ; le Comité de la politique scientifique et technologique ; le Comité des PME et de l'entrepreneuriat ; et le Comité des échanges ; le Groupe de travail sur la corruption dans le cadre de transactions commerciales internationales ; et le Groupe de travail des hauts responsables de l'intégrité publique.

Les travaux de mise à jour ont été soutenus dans leur ensemble par le Centre de l'OCDE pour la conduite responsable des entreprises dans la Direction des affaires financières et des entreprises.

Table des matières

Suivez les publications de l'OCDE sur :

https://twitter.com/OECD

https://www.facebook.com/theOECD

https://www.linkedin.com/company/organisation-eco-cooperation-development-organisation-cooperation-developpement-eco/

https://www.youtube.com/user/OECDiLibrary

https://www.oecd.org/newsletters/

La déclaration sur l'investissement international et les entreprises multinationales

LES GOUVERNEMENTS ADHÉRENTS[1]

CONSIDÉRANT :

- Que les investissements internationaux revêtent une importance majeure pour l'économie mondiale et ont contribué dans une mesure considérable au développement de leur pays.
- Que les entreprises multinationales jouent un rôle important dans le processus d'investissement.
- Que la coopération internationale peut améliorer le climat des investissements étrangers, favoriser la contribution positive que les entreprises multinationales peuvent apporter au progrès économique, social et environnemental, et permettre de réduire au minimum et de résoudre les difficultés qui peuvent résulter de leurs opérations.
- Que les avantages de la coopération internationale peuvent être accrus en abordant les questions afférentes à l'investissement international et aux entreprises multinationales au moyen d'un ensemble équilibré d'instruments interdépendants.

DÉCLARENT:

Principes directeurs à l'intention des entreprises multinationales

I. Qu'ils recommandent conjointement aux entreprises multinationales opérant sur le territoire de leurs pays ou à partir de celui-ci d'observer les *Principes directeurs* énoncés dans l'Annexe 1 ci-jointe[2], en tenant compte des considérations et des précisions qui figurent dans la Préface et le premier chapitre desdits Principes et qui en font partie intégrante ;

---

[1] Au 8 juin 2023, tous les pays Membres de l'OCDE sont Adhérents ainsi que l'Argentine, le Brésil, la Bulgarie, la Croatie, l'Égypte, la Jordanie, le Kazakhstan, le Maroc, le Pérou, la Roumanie, la Tunisie, l'Ukraine et l'Uruguay. La Communauté européenne est invitée à s'associer à la section sur le Traitement national pour les questions relevant de sa compétence.

[2] Le texte *Les Principes directeurs de l'OCDE à l'intention des entreprises multinationales sur la conduite responsable des entreprises* est reproduit dans la Partie I de cette publication.

Traitement national

II. 1. Que les gouvernements adhérents, compte tenu de la nécessité de maintenir l'ordre public, de protéger les intérêts essentiels de leur sécurité et de remplir leurs engagements concernant la paix et la sécurité internationales, devraient accorder aux entreprises opérant sur leur territoire et qui appartiennent à, ou sont contrôlées directement ou indirectement par des ressortissants d'un autre gouvernement adhérent (appelés ci-dessous « entreprises sous contrôle étranger »), un régime résultant de leurs lois, réglementations et pratiques administratives (appelé ci-dessous « Traitement national ») qui, en harmonie avec le droit international, ne sera pas moins favorable que celui dont bénéficient dans les mêmes circonstances les entreprises nationales ;

2. Que les gouvernements adhérents envisageront d'appliquer le « Traitement national » à l'égard d'autres pays que les gouvernements adhérents ;

3. Que les gouvernements adhérents s'efforceront de veiller à ce que les subdivisions territoriales appliquent le « Traitement national » ;

4. Que la Déclaration ne concerne pas le droit de tout gouvernement adhérent de réglementer l'admission des investissements étrangers ou les conditions d'établissement des entreprises étrangères.

Obligations contradictoires

III. Qu'ils coopéreront afin d'éviter ou d'atténuer l'imposition d'obligations contradictoires aux entreprises multinationales et qu'ils prendront en compte les considérations générales et les modalités pratiques qui sont énoncées à l'annexe 2 ci-après.[3]

Stimulants et obstacles à l'investissement international

IV. 1. Qu'ils reconnaissent la nécessité de renforcer leur coopération dans 1e domaine des investissements directs internationaux ;

2. Qu'ils reconnaissent ainsi la nécessité de tenir dûment compte des intérêts des gouvernements adhérents qui seraient affectés par les lois, réglementations et pratiques administratives (appelées ci-dessous « mesures ») visant spécifiquement les investissements directs internationaux et constituant des stimulants ou des obstacles à ces investissements ;

3. Que les gouvernements adhérents s'efforceront de rendre ces mesures aussi transparentes que possible, de façon que leur importance et leur objet puissent être facilement déterminés et que des informations à leur sujet puissent être facilement obtenues ;

Procédures de consultation

V. Qu'ils sont prêts à se consulter sur les questions ci-dessus, en application des Décisions pertinentes du Conseil ;

Réexamen

VI. Qu'ils réexamineront les questions ci-dessus périodiquement, en vue de rendre plus efficace la coopération économique internationale entre gouvernements adhérents dans les domaines relatifs à l'investissement international et aux entreprises multinationales.

---

[3] L'annexe 2 se trouve dans la version complète de la Déclaration sur l'investissement international et les entreprises multinationales, disponible ici :https://legalinstruments.oecd.org/fr/instruments/OECD-LEGAL-0144

Partie I : Les Principes directeurs de l'OCDE à l'intention des entreprises multinationales sur la conduite responsable des entreprises

Texte et Commentaires

Préface

1. Les *Principes directeurs de l'OCDE à l'intention des entreprises multinationales sur la conduite responsable des entreprises* (les *Principes directeurs*) sont des recommandations que les gouvernements adressent aux entreprises multinationales. L'objectif commun des Adhérents aux *Principes directeurs* est d'encourager la contribution positive que les entreprises peuvent apporter au progrès économique, environnemental et social, et de réduire au minimum les impacts négatifs auxquels leurs activités, leurs produits et leurs services peuvent être associés dans les domaines visés par les *Principes directeurs*. La conduite responsable des entreprises peut permettre l'instauration de règles du jeu équitables sur les marchés mondiaux, favoriser le dynamisme et le bon fonctionnement des entreprises, et accroître la contribution des entreprises aux objectifs de développement durable, y compris au déploiement de solutions pour faire face au changement climatique.

2. Les *Principes directeurs* font partie de la *Déclaration de l'OCDE sur l'investissement international et les entreprises multinationales* [OECD/LEGAL/0144]. Les Adhérents aux *Principes directeurs* prennent l'engagement contraignant de poursuivre une mise en œuvre effective de ces principes conformément à la *Décision du Conseil relative aux Principes directeurs de l'OCDE à l'intention des entreprises multinationales sur la conduite responsable des entreprises* [OECD/LEGAL/0307]. Les Points de contact nationaux pour la conduite responsable des entreprises jouent un rôle essentiel à cet égard.

3. Les *Principes directeurs* ont vocation à encourager le commerce et l'investissement responsable et ainsi multiplier les avantages pouvant en découler grâce à des améliorations et un engagement permanent sur tous les marchés du monde. Le commerce et les investissements internationaux renforcent et resserrent les liens entre les pays et les régions du monde et génèrent des bénéfices substantiels dont les sociétés ont besoin pour obtenir des résultats en matière de développement durable, y compris pour créer des emplois plus nombreux et de meilleure qualité, pour développer les compétences, pour fournir des produits et des services permettant d'améliorer le niveaux de vie, et pour donner accès aux financements et aux technologies indispensables à la transformation numérique et à la transition verte.

4. Les *Principes directeurs* sont l'expression de l'attente partagé des Adhérents concernant la conduite responsable des entreprises exerçant leurs activités dans ou depuis leurs pays respectifs, et ils constituent un point de référence faisant autorité tant pour les entreprises que pour d'autres parties prenantes. Ils préconisent que les entreprises exercent le devoir de diligence fondé sur les risques pour identifier, prévenir et atténuer les impacts négatifs, réels ou potentiels, de leurs activités sur les thématiques couvertes par les *Principes directeurs*, et rendre compte de la manière dont elles le font. À cet égard, ils complètent et renforcent les initiatives privées et publiques qui visent à définir et à faire appliquer des règles en matière de conduite responsable des entreprises.

5. Les *Principes directeurs* énoncent des principes et des normes volontaires en matière de conduite responsable des entreprises, en conformité avec les législations applicables et les normes internationalement reconnues. Les sujets abordés dans les *Principes directeurs* peuvent en outre faire l'objet de législations nationales et d'engagements internationaux. Les *Principes directeurs* comportent des recommandations concernant la conduite responsable des entreprises qui peuvent aller au-delà des dispositions auxquelles les entreprises sont légalement tenues de se conformer. La recommandation faite par les gouvernements aux entreprises concernant le respect des *Principes directeurs* se distingue des questions de responsabilité juridique et d'application du droit.

6. Les entreprises multinationales sont d'autant mieux à même de promouvoir le développement durable que le commerce et les investissements s'effectuent dans le cadre de marchés ouverts, concurrentiels et convenablement réglementés, fondés sur l'état de droit et avec la protection de l'espace dévolu à la société civile. Les gouvernements ont un rôle important à jouer pour accompagner la mise en œuvre effective des *Principes directeurs*, notamment en créant un environnement propre à soutenir, favoriser et promouvoir les pratiques responsables des entreprises. La cohérence de l'action publique aux niveaux national et international peut favoriser l'alignement et l'harmonisation des initiatives en matière de conduite responsable des entreprises. À cet égard, il est essentiel de combiner judicieusement les approches et les mesures des gouvernements, qui peuvent inclure des approches contraignantes et volontaires, des initiatives de renforcement des capacités et d'autres mesures connexes. La manière de concevoir les politiques publiques, les législations et autres mesures spécifiques dans le domaine de la conduite responsable des entreprises sera fonction du contexte politique, administratif et juridique propre à chaque pays.

7. L'environnement politique, économique, environnemental, social, matériel et technologique au sein duquel les entreprises exercent leurs activités internationales est en proie à une évolution profonde et rapide. Les *Principes directeurs* ont eux-mêmes évolué pour tenir compte de ces changements. Les dernières décennies ont été marquées par une expansion notable de la finance et du commerce international en pourcentage de l'économie mondiale. Les grandes entreprises représentent encore une forte proportion de l'investissement et du commerce international même si la part revenant aux petites et moyennes entreprises a également progressé de sorte que celles-ci occupent à présent une place importante sur les marchés internationaux. Comme leurs homologues nationales, les entreprises multinationales ont évolué et font aujourd'hui appel à un plus large éventail de mécanismes industriels et commerciaux et de formes d'organisation. Les évolutions technologiques ainsi que la conclusion d'alliances stratégiques et le resserrement des liens avec les fournisseurs et les sous-traitants ont tendance à brouiller les frontières de l'entreprise. L'évolution rapide des structures d'entreprises multinationales transparaît également dans leurs activités dans les économies émergentes et en développement, dont la part dans les échanges et les investissements transnationaux est en hausse. Dans les économies émergentes et en développement, les entreprises multinationales ont diversifié leurs activités, autrefois limitées à la production manufacturière et aux industries extractives, et se sont lancées dans la fabrication et le montage, la mise en valeur du marché intérieur et les services.

8. La nature, l'étendue et la rapidité des changements économiques représentent de nouveaux défis stratégiques pour les entreprises et leurs parties prenantes. La concurrence est intense et les entreprises multinationales font face à des paramètres différents, qu'ils soient juridiques, sociaux ou réglementaires. De nombreuses entreprises multinationales ont démontré que le respect de normes strictes de conduite allait de pair avec une augmentation de la croissance et de la rentabilité. De plus en plus d'entreprises adoptent par ailleurs des modèles économiques en faveur du développement durable et qui visent à la cohérence des objectifs économiques, environnementaux et sociaux. Les entreprises ont également favorisé le dialogue social sur ce qui constitue la conduite responsable des entreprises et elles ont coopéré avec les parties prenantes, notamment dans le cadre d'initiatives pluripartites, afin d'élaborer des orientations relatives à la conduite responsable des entreprises.

9. L'adoption des *Principes directeurs* en 1976 et leurs mises à jour ultérieures traduisent le fait qu'il est de plus en plus demandé aux entreprises de respecter des normes et des principes relatifs à la conduite responsable des entreprises. Les débuts de cette évolution remontent aux travaux engagés par l'Organisation internationale du travail au début du vingtième siècle. L'adoption par les Nations Unies, en 1948, de la Déclaration universelle des droits de l'homme est un autre évènement majeur. Elle a été suivie par l'élaboration continue de normes applicables dans de nombreux domaines relevant de la conduite responsable des entreprises. L'OCDE a apporté une contribution de poids à ce processus en élaborant des normes dans des domaines tels que l'environnement, la lutte contre la corruption, les intérêts des

consommateurs, la gouvernance d'entreprise, la science, la technologie et l'innovation, ou encore la fiscalité.

10. Les *Principes directeurs* demeurent le principal instrument international sur la conduite responsable des entreprises. Les Adhérents aux *Principes directeurs* s'engagent à œuvrer, en coopérant entre eux et avec d'autres gouvernements, pour promouvoir leur mise en œuvre, en partenariat avec les nombreuses entreprises, organisations syndicales et autres organisations non gouvernementales qui œuvrent à leur manière aux mêmes fins.

I. Concepts et principes

1. Les *Principes directeurs* sont des recommandations que les gouvernements adressent conjointement aux entreprises multinationales. Ils énoncent des principes et des normes de bonnes pratiques conformes aux législations applicables et aux autres normes internationalement reconnues. Le respect des *Principes directeurs* par les entreprises est volontaire et n'est pas juridiquement contraignant. Néanmoins, certains sujets abordés dans les *Principes directeurs* peuvent également être réglementés par le droit national ou des engagements internationaux.
2. Les entreprises ont pour obligation première de se conformer à la législation de leur pays. Les *Principes directeurs* ne sauraient se substituer à une loi ou à une réglementation nationale, ni prévaloir sur elles. L'incapacité des gouvernements à faire observer des principes et normes conformes aux *Principes directeurs* ou à des engagements internationaux associés est sans effet sur l'attente envers les entreprises qu'elles respectent les *Principes directeurs*. Si les *Principes directeurs* vont au-delà de la loi dans de nombreux cas, ils ne devraient pas – et tel n'est pas leur but – placer les entreprises dans une situation où elles feraient face à des obligations contradictoires. Dans les pays où la législation et la réglementation nationale contredisent les principes et les normes énoncés dans les *Principes directeurs*, les entreprises devraient toutefois rechercher le moyen de respecter ces principes et ces normes dans toute la mesure du possible sans toutefois risquer de contrevenir au droit national.
3. Dans la mesure où les entreprises multinationales exercent leurs activités dans le monde entier, la coopération internationale dans ce domaine devrait s'étendre à tous les pays. Les Adhérents aux *Principes directeurs* encouragent les entreprises opérant sur, ou à partir de leur territoire, à respecter les *Principes directeurs* partout où elles exercent leurs activités, en tenant compte de la situation particulière de chaque pays d'accueil.
4. Une définition précise des entreprises multinationales n'est pas nécessaire pour les besoins des *Principes directeurs*. Si les *Principes directeurs* permettent une approche large dans la détermination des entités qui constituent des entreprises multinationales aux fins des *Principes directeurs*, la dimension internationale de la structure d'une entreprise ou de ses opérations, ainsi que sa forme commerciale, son objet ou ses activités, sont les facteurs principaux à prendre en considération. Ces entreprises sont présentes dans tous les secteurs de l'économie. Il s'agit généralement d'entreprises ou d'autres entités établies dans plusieurs pays et liées de telle façon qu'elles peuvent coordonner leurs activités de diverses manières. Une ou plusieurs de ces entités peuvent être en mesure d'exercer une grande influence sur les activités des autres entités à l'intérieur d'un groupe, mais leur degré d'autonomie au sein du groupe peut être très variable d'une multinationale à l'autre. Leur actionnariat peut être privé, public ou mixte. Les *Principes directeurs* s'adressent à toutes les entités qui composent l'entreprise multinationale (sociétés mères et/ou entités locales). En fonction de la répartition effective des responsabilités entre elles, il est attendu des différentes entités qu'elles coopèrent et s'entraident pour faciliter le respect des *Principes directeurs*.
5. Les *Principes directeurs* ne visent pas à instaurer des différences de traitement entre les entreprises multinationales et les entreprises nationales ; ils reflètent des bonnes pratiques pouvant être mises en œuvre par toutes. Il est donc attendu des entreprises multinationales et

nationales qu'elles aient le même comportement dans tous les cas où les *Principes directeurs* s'appliquent aux unes et aux autres.

6. Les gouvernements souhaitent encourager le respect des *Principes directeurs* de la façon la plus large possible. Tout en reconnaissant que les petites et moyennes entreprises peuvent ne pas avoir les mêmes moyens que les grandes, les Adhérents aux *Principes directeurs* les encouragent néanmoins à respecter dans toute la mesure du possible les recommandations qu'ils contiennent.
7. Les Adhérents aux *Principes directeurs* ne devraient pas s'en servir à des fins protectionnistes, ni d'une manière qui mette en cause l'avantage comparatif d'un pays où les entreprises multinationales investissent.
8. Les gouvernements ont le droit de réglementer les conditions dans lesquelles les entreprises multinationales opèrent dans leurs juridictions, sous réserve du respect du droit international. Les entités d'une entreprise multinationale situées dans divers pays sont soumises aux lois applicables dans ces pays. Si des entreprises multinationales sont soumises à des obligations contradictoires de la part d'Adhérents ou de pays tiers, les gouvernements concernés sont invités à coopérer de bonne foi afin de résoudre les problèmes susceptibles de se poser.
9. Les Adhérents aux *Principes directeurs* les ont établis en prenant l'engagement d'assumer la responsabilité qui leur incombe de traiter les entreprises de façon équitable et conformément au droit international et à leurs obligations contractuelles.
10. Le recours à des mécanismes internationaux adéquats de règlement des différends, y compris l'arbitrage, est encouragé afin de faciliter le règlement des problèmes juridiques susceptibles de surgir entre les entreprises et les autorités des pays d'accueil.
11. Les Adhérents aux *Principes directeurs* conviennent de les mettre en œuvre et d'en encourager l'usage. Ils créeront des Points de contact nationaux pour la conduite responsable des entreprises qui auront pour tâche de promouvoir les *Principes directeurs* et serviront de forum de discussion pour toutes les questions les concernant. En outre, les Adhérents participeront à des procédures adéquates d'examen et de consultation pour traiter des questions concernant l'interprétation et la mise en œuvre des *Principes directeurs* et pour préserver leur pertinence de façon continue dans un monde en mutation.

II. Principes généraux

Les entreprises devraient tenir pleinement compte des politiques publiques établies dans les pays où elles exercent leurs activités et prendre en considération les points de vue des autres acteurs. À cet égard :

A. Les entreprises devraient :

1. Contribuer au progrès économique, environnemental et social en vue de parvenir à un développement durable.
2. Respecter les droits humains internationalement reconnus des personnes affectées par leurs activités.
3. Encourager le renforcement de capacités au niveau local en coopérant étroitement avec la communauté locale, y compris les milieux d'affaires, tout en développant les activités de l'entreprise sur le marché intérieur et sur les marchés extérieurs d'une manière compatible avec de saines pratiques commerciales.
4. Encourager la formation de capital humain, en particulier en créant des opportunités d'emploi et en facilitant la formation des salariés.
5. Assurer la transparence et l'intégrité des activités de lobbying et s'abstenir de rechercher ou d'accepter des exceptions non prévues dans le dispositif législatif ou réglementaire concernant les droits humains, l'environnement, la santé, la sécurité, le travail, la fiscalité, les incitations financières ou d'autres domaines.
6. Soutenir et promouvoir les principes de bonne gouvernance d'entreprise et mettre au point et appliquer de bonnes pratiques de gouvernance d'entreprise, y compris au sein des groupes d'entreprises.
7. Élaborer et appliquer des pratiques d'autorégulation et des systèmes de gestion efficaces qui favorisent une relation de confiance mutuelle entre les entreprises et les sociétés dans lesquelles elles exercent leurs activités.
8. Faire en sorte que les travailleurs qu'elles emploient aient connaissance des politiques qu'elles ont mises en place et les inciter à s'y conformer en les diffusant comme il convient, notamment par des programmes de formation.
9. S'abstenir d'engager des actions discriminatoires ou disciplinaires ou d'exercer des représailles à l'encontre des travailleurs, des représentants syndicaux ou autres représentants des travailleurs qui auraient, de bonne foi, rapporté à la direction ou, le cas échéant, aux autorités publiques compétentes, des informations sur des pratiques contraires à la loi, aux *Principes directeurs*, ou aux politiques de l'entreprise.
10. S'abstenir d'exercer des représailles et prendre des mesures pour prévenir ces pratiques, y compris par des entités avec lesquelles l'entreprise entretient une relation d'affaires, à l'encontre de tout individu ou groupe qui enquêterait ou chercherait à enquêter sur, ou à faire part de ses préoccupations concernant, les impacts négatifs réels ou potentiels liés aux activités, produits ou services de l'entreprise. Cela passe notamment par la promotion d'un environnement dans lequel chaque individu et groupe peut faire part de ses préoccupations en toute sécurité et, le cas échéant, par la contribution à la réparation des impacts négatifs des représailles lorsqu'ils surviennent.

11. Exercer le devoir de diligence fondé sur les risques, par exemple en l'intégrant dans leurs systèmes de gestion des risques, afin d'identifier, de prévenir et d'atténuer les impacts négatifs, réels ou potentiels, décrits dans les paragraphes 12 et 13, et rendre compte de la manière dont elles répondent à de tels impacts. La nature et la portée du devoir de diligence dépendent des circonstances propres à une situation particulière.
12. Éviter d'avoir, du fait de leurs propres activités, des impacts négatifs dans les domaines visés par les *Principes directeurs*, ou d'y contribuer, et prendre les mesures qu'imposent ces impacts lorsqu'ils se produisent, y compris en les réparant ou en coopérant avec d'autres acteurs pour les réparer.
13. S'efforcer d'empêcher ou d'atténuer un impact négatif, dans le cas où elles n'y ont pas contribué mais où cet impact est néanmoins directement lié à leurs activités, à leurs produits ou à leurs services en vertu d'une relation d'affaires. Ceci ne doit pas être interprété comme transférant la responsabilité de l'entité à l'origine d'un impact négatif sur l'entreprise avec laquelle elle entretient une relation d'affaires.
14. En plus de remédier aux impacts négatifs dans les domaines visés par les *Principes directeurs*, encourager dans la mesure du possible les entités avec lesquelles une entreprise entretient une relation d'affaires à appliquer des principes de conduite responsable conformes aux *Principes directeurs*.
15. S'engager de façon constructive auprès des parties prenantes concernées ou de leurs représentants mandatés dans le cadre de l'exercice du devoir de diligence et leur donner la possibilité de faire valoir leurs points de vue concernant les activités susceptibles de les affecter de manière significative dans les domaines visés par les *Principes directeurs*.
16. S'abstenir de toute ingérence indue dans les activités politiques.

B. Les entreprises sont encouragées à :

1. Participer ou apporter leur soutien, lorsque cela est approprié, à des initiatives privées ou multipartites et au dialogue social en matière de la conduite responsable des entreprises, tout en s'assurant que ces initiatives prennent dûment en compte leurs conséquences sociales et économiques sur les économies en développement et respectent les normes internationalement reconnues existantes.

Commentaire sur le Chapitre II : Principes généraux

1. Le chapitre des *Principes directeurs* consacré aux principes généraux est le premier qui contienne des recommandations précises adressées aux entreprises. Il est important dans le sens où il fixe l'orientation générale et établit des principes fondamentaux communs pour les recommandations spécifiques des chapitres suivants.

2. Les entreprises sont encouragées à coopérer avec les gouvernements pour la mise au point et l'application des politiques publiques et des lois. Prendre en considération les points de vue des autres acteurs de la société peut également enrichir ce processus ; on vise ici la communauté locale et les personnes affectées ou potentiellement affectées par leurs activités, ainsi que les milieux d'affaires. Il est également admis que les gouvernements devraient faire preuve de transparence dans leurs rapports avec les entreprises et les consulter sur ces mêmes questions. Les entreprises, les partenaires sociaux et autres parties prenantes comme les syndicats et les organisations de la société civile, devraient être considérés comme des partenaires des gouvernements pour la mise au point et l'application des dispositifs volontaires et réglementaires (dont les *Principes directeurs* constituent un élément) ayant trait aux politiques qui les concernent.

3. Il ne devrait pas y avoir de contradiction entre les activités des entreprises multinationales et le développement durable. C'est précisément cette complémentarité que les *Principes directeurs* entendent favoriser. De fait, il est fondamental que des liens existent entre le progrès économique, social et environnemental pour conforter l'objectif du développement durable[1].

4. Le chapitre IV reprend de manière plus détaillée les recommandations générales relatives aux droits humains formulées au paragraphe A.2.

5. Par ailleurs, les *Principes directeurs* reconnaissent et encouragent la contribution que les entreprises multinationales peuvent apporter à la création de capacités locales en raison de leurs activités au niveau local. De même, la recommandation concernant la formation de capital humain est résolument tournée vers l'avenir, en reconnaissant expressément la contribution que les entreprises multinationales peuvent offrir à leurs travailleurs sur le plan du développement humain individuel. Cette recommandation n'a pas seulement trait à l'embauche ; elle englobe également la formation et les autres actions de développement professionnel. La formation de capital humain couvre également la notion de non-discrimination au niveau de l'embauche, de la promotion, de l'apprentissage tout au long de la vie et des autres formules de formation en cours d'emploi.

6. Les entreprises prennent librement part aux débats publics. Lorsqu'elles participent à des actions de plaidoyer, les entreprises devraient prendre dûment en compte la *Recommandation sur les Principes pour la transparence et l'intégrité des activités de lobbying [OECD/LEGAL/0379]* et garantir la cohérence de leurs activités de lobbying avec les engagements et objectifs relatifs aux domaines visés par les *Principes directeurs*. Il revient aux gouvernements d'établir un cadre d'intégrité adapté aux risques liés aux activités de lobbying sur les agents publics. Les *Principes directeurs* préconisent que, d'une manière générale, les entreprises évitent de chercher à obtenir des exceptions non prévues dans le dispositif législatif ou réglementaire ayant trait aux droits humains, à l'environnement, à la santé, à la sécurité, au travail, à la fiscalité ou aux incitations financières, pour n'en citer que quelques-uns, mais sans préjudice du droit qu'elles ont par ailleurs de chercher à faire évoluer un cadre législatif ou réglementaire. L'expression « ou d'accepter » souligne par ailleurs le rôle de l'État qui peut avoir proposé les exceptions. Une disposition de ce type s'adresse traditionnellement aux gouvernements, mais elle concerne également les entreprises multinationales directement. Il faut néanmoins garder à l'esprit que, dans certains cas, des exceptions particulières à des lois ou à d'autres mesures peuvent être conformes à ces lois pour des raisons légitimes d'intérêt public. On en trouvera des exemples dans les chapitres consacrés à l'environnement ou aux politiques publiques en matière de concurrence.

7. Aux termes des *Principes directeurs*, il est recommandé que les entreprises mettent en œuvre de saines pratiques de gouvernance d'entreprise inspirées des *Principes de gouvernance d'entreprise du G20 et de l'OCDE [OECD/LEGAL/0413]*. Elles sont en particulier appelées à protéger et à faciliter l'exercice des droits des actionnaires, notamment le droit à un traitement équitable. Les entreprises devraient respecter les droits des parties prenantes tels que définis dans les textes législatifs ou les accords mutuels et encourager une coopération active avec ces parties prenantes pour favoriser la création de richesses et d'emplois et assurer la viabilité d'entreprises durables et résilientes.

8. Les Principes de gouvernance d'entreprise appellent le conseil d'administration d'une entité-mère à assurer le pilotage stratégique de l'entreprise, et à en contrôler efficacement la direction. Le conseil d'administration doit aussi rendre des comptes à l'entreprise et aux actionnaires, tout en veillant aux intérêts des parties prenantes. Lorsqu'il s'acquitte de ces responsabilités, le conseil d'administration doit

[1] L'une des définitions les plus largement acceptées du développement durable a été donnée en 1987 par la Commission mondiale sur l'environnement et le développement (Commission «Brundtland»). Il s'agit d'un «développement qui répond aux besoins du présent sans compromettre la capacité des générations futures à répondre aux leurs». Les objectifs mondiaux visant à éliminer la pauvreté, protéger la planète et garantir la paix et la prospérité de tous offrent un important point de référence dans cette optique.

s'assurer de l'intégrité des systèmes de comptabilité et de communication financière de l'entreprise, et notamment de l'indépendance de la vérification des comptes, de l'existence de dispositifs de contrôle adéquats, en particulier pour la gestion des risques et le contrôle financier et opérationnel, ainsi que du respect du droit et des normes applicables.

9. Les Principes de gouvernance d'entreprise visent aussi les groupes d'entreprises cotées, même si le conseil d'administration des filiales peut être tenu par des obligations découlant de la législation du pays où elles sont constituées en société. Les dispositifs de conformité et de contrôle devraient aussi couvrir ces filiales dans la mesure du possible. De plus, la mission de surveillance des pratiques de gouvernement qui incombe au conseil implique également de contrôler en permanence les structures internes d'un groupe afin de s'assurer que les responsabilités y sont clairement définies partout.

10. Les entreprises multinationales publiques sont soumises aux mêmes recommandations que les entreprises privées, mais la surveillance exercée par l'État est souvent démultipliée lorsque celui-ci est le propriétaire final. Les *Lignes directrices de l'OCDE sur la gouvernance des entreprises publiques* constituent pour ces sociétés un guide utile et spécifique, et les recommandations qui y sont énoncées sont de nature à améliorer sensiblement leur gouvernance.

11. Bien que les gouvernements soient aux premiers chefs responsables de l'amélioration du cadre juridique et institutionnel de la réglementation, les entreprises ont aussi d'excellentes raisons commerciales de mettre en place une gouvernance d'entreprise de qualité.

12. Il existe un arsenal de plus en plus étoffé d'instruments et de mesures émanant des organisations professionnelles qui abordent bien des aspects de la conduite des entreprises et de leurs relations avec la collectivité. À cet égard, des évolutions intéressantes sont en cours dans le secteur financier. Les entreprises reconnaissent que leurs activités ont souvent un impact sur la société et sur l'environnement. La mise en place de pratiques d'autorégulation et de systèmes de gestion par les entreprises soucieuses de réaliser les objectifs en question (contribuant ainsi au développement durable) et leur participation à des initiatives multipartites qui s'y rapportent en sont deux exemples. Les pratiques d'autorégulation et les initiatives pluripartites devraient être crédibles et transparentes. Lorsque ces initiatives sont focalisées sur la promotion de l'exercice du devoir de diligence pour la conduite responsable des entreprises, l'alignement avec les normes internationales pertinentes (telles que les *Principes directeurs*), peut conduire à une efficacité renforcée, et ce, tout en réduisant le niveau de complexité et les coûts pour les entreprises prenant part à ces initiatives. Développer ces pratiques ne peut que contribuer à des relations fructueuses entre les entreprises et les sociétés dans lesquelles elles opèrent. Bien que les entreprises puissent collaborer au niveau sectoriel ou dans un cadre multipartite, elles restent responsables individuellement d'exercer le devoir de diligence de manière efficace.

13. Puisqu'on attend des entreprises des pratiques efficaces d'autorégulation, on attend également d'elles une sensibilisation de leurs salariés aux mesures qu'elles mettent en œuvre. Des mécanismes de protection des lanceurs d'alerte de bonne foi sont également recommandés, y compris pour protéger les salariés qui, en l'absence de mesures réparatrices promptes ou confrontés à un risque raisonnable de conséquences négatives pour leur emploi, signalent aux autorités publiques compétentes des pratiques contraires à la loi. Bien qu'une telle protection concerne tout particulièrement les mécanismes de contrôle interne, les programmes de déontologie et de conformité liés à la lutte contre la corruption, tel qu'abordés dans le chapitre VII, et les initiatives de protection de l'environnement, elle s'applique également aux autres recommandations des *Principes directeurs*.

14. Les entreprises devraient faire en sorte de créer un espace permettant une libre expression des inquiétudes concernant les impacts négatifs de leurs activités ou des activités des entités avec lesquelles elles entretiennent une relation d'affaires. Il est important que les entreprises s'abstiennent d'exercer des représailles et prennent des mesures pour prévenir ces pratiques, afin de protéger l'espace civique et éviter de nuire à tout groupe ou individu qui examinerait, ou chercherait à examiner les activités d'une entreprise ou des entités avec lesquelles elle entretient une relation d'affaires, ou qui ferait part de ses

préoccupations concernant ces activités. On entend notamment par représailles toute action discriminatoire ou de rétorsion visant à censurer, intimider, discréditer ou réduire au silence toute personne émettant une critique, que ce soit par le biais de menaces, de campagnes de diffamation, d'insultes, de harcèlement, d'intimidations, de surveillance, de poursuites stratégiques contre la mobilisation publique, de tentatives de criminalisation d'activités légales, d'agressions physiques ou d'homicides.

15. Dans les *Principes directeurs*, on entend par devoir de diligence le processus qui, en tant que partie intégrante de leurs systèmes de prise de décisions et de gestion des risques, permet aux entreprises d'identifier, de prévenir et d'atténuer les impacts négatifs, réels ou potentiels, de leurs activités, ainsi que de rendre compte de la manière dont elles abordent cette question. Le Guide OCDE du devoir de diligence pour une conduite responsable des entreprises et les guides sectoriels de l'OCDE sur le devoir de diligence permettent aux entreprises de mieux comprendre et mettre en œuvre les recommandations des *Principes directeurs* en la matière. Ils visent également à promouvoir une vision commune du devoir de diligence fondé sur les risques pour une conduite responsable des entreprises entre les gouvernements et les parties prenantes. À ces fins, le Guide OCDE sur le devoir de diligence pour une conduite responsable des entreprises définit un cadre que les gouvernements se sont engagés à soutenir et contrôler de manière active. Il prévoit ainsi les mesures suivantes : 1) intégrer la conduite responsable des entreprises dans les politiques et les systèmes de gestion ; 2) identifier et évaluer les impacts négatifs réels et potentiels des activités, produits ou services des entreprises ; 3) faire cesser, prévenir et atténuer les impacts négatifs ; 4) assurer le suivi de la mise en œuvre et des résultats des actions déployées ; 5) rendre compte de la manière dont ces incidences sont gérées ; et 6) remédier aux effets négatifs ou participer aux efforts pour y remédier. Des actions concrètes sont également proposées pour mettre en œuvre ces mesures. Les actions proposées dans le Guide OCDE sur le devoir de diligence pour une conduite responsable des entreprises ne sont pas adaptées à toutes les situations.

16. Le devoir de diligence peut être intégré dans d'autres systèmes de gestion des risques au sein de l'entreprise à condition qu'elle aille au-delà de l'identification et la gestion des risques significatifs pour l'entreprise elle-même, pour englober également les risques d'impacts négatifs dans des domaines visés par les *Principes directeurs*. Les impacts négatifs potentiels doivent être traités grâce à des mesures de prévention ou d'atténuation, tandis que les impacts réels doivent être traités grâce à des mesures de réparation. Les *Principes directeurs* concernent les impacts négatifs dont les entreprises sont à l'origine ou auxquels elles contribuent, ou qui sont directement liés à leurs activités, leurs produits et leurs services du fait de l'existence d'une relation d'affaires, telle qu'elle est définie aux paragraphes A.12 et A.13. En exerçant le devoir de diligence, les entreprises peuvent mieux se prémunir contre le risque de provoquer de tels impacts négatifs. Aux fins de la présente recommandation, « contribuer à » un impact négatif devrait être interprété comme une contribution substantielle, c'est-à-dire une activité qui provoque, facilite ou incite une autre entité à provoquer un impact négatif, et n'inclut pas les contributions mineures ou négligeables. La relation entre une entreprise et les impacts négatifs de ses activités n'est toutefois pas figée. Elle peut par exemple évoluer en fonction des circonstances et de la mesure dans laquelle les actions mises en place en matière de devoir de diligence et pour remédier aux impacts et risques identifiés permettent de limiter les risques d'impacts négatifs.

17. On entend par « relation d'affaires » toute relation avec des partenaires commerciaux, des sous-traitants, des franchisés, des entreprises bénéficiaires d'investissements, des clients, des associés dans des co-entreprises, des entités appartenant à la chaîne d'approvisionnement qui fournissent des produits ou services contribuant à la mise en œuvre des activités, des produits ou des services d'une entreprise ou qui reçoivent, utilisent sous licence, achètent, ou exploitent les produits ou services de l'entreprise, ou toute autre entité, publique ou non, directement liée à ses activités, ses produits ou ses services. Les relations avec les consommateurs individuels, soit des personnes physiques agissant à des fins étrangères à toute activité commerciale, professionnelle, ou gouvernementale ne sont généralement pas considérées comme des « relations d'affaires » au titre des *Principes directeurs*, même si une entreprise peut contribuer à d'éventuels impacts négatifs découlant de ces relations. Les relations d'affaires incluent

les relations au-delà des relations contractuelles, directes ou de premier niveau. Les entités avec lesquelles une entreprise entretient une relation d'affaires peuvent ou non exercer leurs activités dans ou depuis les Adhérents à la Déclaration. La capacité d'une entreprise à identifier, prévenir et atténuer les impacts négatifs réels ou potentiels, tel que cela est décrit au paragraphe A.11 peut en outre dépendre de chaque type de relation d'affaires, ainsi que d'autres facteurs, notamment comme cela est décrit au paragraphe 24 des Commentaires.

18. La recommandation exprimée au paragraphe A.11 s'applique aux questions ayant trait aux impacts négatifs visés par les *Principes directeurs* et associées aux activités, produits et services d'une entreprise. La recommandation énoncée au paragraphe A.11 ne s'applique pas aux chapitres consacrés à la concurrence et à la fiscalité. Les recommandations des *Principes directeurs* relatives au devoir de diligence devraient être lues conformément aux paragraphes A.11-13 et aux commentaires associés.

19. La nature et la portée du devoir de diligence (telles que les mesures spécifiques à prendre) approprié à une situation particulière dépendront de facteurs tels que le contexte dans lequel s'inscrivent les activités d'une entreprise, les recommandations spécifiques des *Principes directeurs*, et devraient être proportionnées à la taille de l'entreprise concernée, à sa contribution à tout impact négatif et à la gravité des impacts négatifs. Les mesures adoptées par une entreprise pour exercer le devoir de diligence devraient être fondées sur les risques. Elles devraient également être proportionnées à la gravité et à la probabilité des impacts négatifs, et adaptées et corrélées à leur contexte spécifique. Lorsqu'il n'est pas possible de remédier simultanément à tous les impacts identifiés, les entreprises devraient prioriser les mesures d'intervention en fonction de la gravité et de la probabilité de chaque impact négatif.

20. Les *Principes directeurs* reconnaissent que la plupart des entreprises peuvent ne pas avoir la capacité d'évaluer ces impacts ou de coopérer avec l'ensemble des entités avec lesquelles elles entretiennent une relation d'affaires. Lorsque les entreprises ont un grand nombre de fournisseurs et autres relations d'affaires, elles sont invitées à identifier les domaines généraux dans lesquels le risque d'impact négatif est le plus significatif puis, à partir de cette évaluation du risque, à exercer le devoir de diligence de manière prioritaire à l'égard de ces domaines conformément aux mesures énoncées au paragraphe 19 du commentaire. Le devoir de diligence fondé sur les risques associés aux produits ou services d'une entreprise devrait prendre en compte les circonstances connues ou raisonnablement prévisibles liées à l'utilisation de ces produits ou services non seulement conformément à leur destination, mais aussi dans des conditions raisonnablement prévisibles d'utilisation inadéquate ou abusive, susceptibles d'engendrer des impacts négatifs. Des recommandations portant spécifiquement sur le devoir de diligence en rapport à des questions spécifiques figurent dans les chapitres correspondants.

21. Lorsqu'une entreprise cause ou est susceptible de causer un impact négatif, elle devrait prendre les mesures nécessaires pour y mettre fin ou pour l'empêcher.

22. Lorsqu'une entreprise contribue ou est susceptible de contribuer à un impact négatif, elle devrait prendre les mesures nécessaires pour interrompre ou pour empêcher cette contribution et user de son influence pour atténuer les impacts résiduels dans toute la mesure du possible. On considère qu'il y a influence lorsqu'une entreprise a la capacité de faire modifier les pratiques néfastes de l'entité responsable du dommage.

23. Les *Principes directeurs* reconnaissent que la responsabilité de l'entité à l'origine d'un impact négatif ne devrait pas être transférée sur l'entreprise avec laquelle elle entretient une relation d'affaires. Ainsi, lorsqu'une entreprise est directement liée à un impact négatif dans le cadre d'une relation d'affaires, sans toutefois en être la cause ou y contribuer, elle n'est pas responsable de sa réparation même si elle peut participer aux efforts en ce sens, mais devrait plutôt utiliser son influence pour convaincre, seule ou en coopération avec d'autres entités, l'entité qui a un impact négatif d'empêcher, d'atténuer ou de corriger cet impact. Si une entreprise ne dispose pas d'un pouvoir d'influence suffisant, elle devrait chercher à le développer. Les entreprises peuvent exercer ou renforcer leur influence de différentes manières pour intervenir auprès des entités avec lesquelles elles entretiennent une relation d'affaires, et notamment : par

la formation, le soutien et le développement des capacités ; en s'engageant à inciter ces entités à prévenir ou atténuer les impacts ; en établissant des attentes en matière de conduite responsable des entreprises et en ce qui concerne le devoir de diligence en particulier dans les contrats commerciaux, comme les contrats de gestion, les obligations de préqualification pour les fournisseurs potentiels, les conventions de vote ou les accords de licence et de franchise ; en corrélant les incitations aux performances en matière de conduite responsable des entreprises ; en s'associant aux organismes de réglementation et aux responsables publics dans le traitement des questions relatives à la conduite responsable des entreprises ; en conditionnant le maintien d'une relation d'affaires au respect des attentes concernant la conduite responsable des entreprises ; en collaborant avec d'autres entreprises (au niveau national, sectoriel ou de risques) pour tirer parti de leur influence conjuguée ; ou encore en adoptant des normes communes sur la conduite responsable des entreprises. Parmi d'autres facteurs pouvant être pris en compte pour déterminer la réponse adéquate à des risques identifiés, on peut citer la gravité des impacts négatifs et la probabilité qu'ils surviennent, ou encore le degré d'importance du fournisseur pour l'entreprise.

24. Les *Principes directeurs* reconnaissent qu'il existe des limites pratiques concernant le degré d'influence que les entreprises doivent atteindre, ou sont en mesure d'atteindre, pour amener les entités avec lesquelles elles entretiennent une relation d'affaires à changer de comportement. Cette limitation tient aux caractéristiques des produits ou services, au nombre de fournisseurs et autres relations d'affaires, à la structure et à la complexité de la chaîne d'approvisionnement, ou encore à la nature de la relation d'affaires ou de l'impact négatif concernés. Par exemple, dans certaines situations, une fois que des services ont été rendus ou que des produits ont été vendus ou revendus, la capacité des entreprises à surveiller leur impact, ou à exercer ou renforcer leur influence, peut être amoindrie. Dans ce cas, il peut être particulièrement important de chercher à déterminer leurs impacts réels ou potentiels et de prendre des mesures préventives ou d'atténuation, que ce soit en amont du moment de la vente ou une fois sur le point de vente.

25. Du point de vue de la relation d'affaires, les réponses appropriées peuvent prendre plusieurs formes : poursuite de la relation pendant toute la durée des efforts d'atténuation des risques ; suspension temporaire de la relation avec poursuite des efforts d'atténuation des risques ; ou, en dernier recours, rupture de la relation d'affaires, soit après que les efforts d'atténuation des risques ont échoué, soit parce que l'entreprise estime qu'aucune atténuation n'est possible, soit à cause de la gravité de l'impact négatif. Lorsque les entreprises sont en mesure de poursuivre la relation et apportent la preuve d'une amélioration réelle ou crédible sur la durée, cette approche sera souvent préférable à une rupture de la relation. Les entreprises devraient aussi prendre en compte les impacts négatifs éventuels, sur les plans social, environnemental et économique, d'une décision de désengagement. Toute entreprise qui opterait pour une rupture de la relation d'affaires devrait procéder de façon responsable, notamment en engageant dans les meilleurs délais une consultation constructive avec les parties prenantes concernées et, le cas échéant, en adoptant des mesures raisonnables et appropriées pour prévenir ou atténuer les impacts négatifs découlant d'une telle décision.

26. Les entreprises peuvent aussi s'engager aux côtés des fournisseurs et d'autres entités avec lesquelles elles entretiennent une relation d'affaires pour améliorer leurs performances, en coopération avec d'autres parties prenantes, notamment grâce à la formation du personnel ou à d'autres formes de renforcement des capacités, et pour les aider à intégrer, dans leurs pratiques professionnelles, des principes de conduite responsable compatibles avec les *Principes directeurs*. S'engager et soutenir les petites et moyennes entreprises avec lesquelles elles entretiennent des relations d'affaires est particulièrement important à cet égard. Lorsque des entités avec lesquelles elles entretiennent une relation d'affaires sont potentiellement confrontées à des obligations contradictoires, imposées par exemple par des acheteurs ou des fournisseurs différents, les entreprises sont encouragées, en tenant dûment compte des préoccupations relatives à la concurrence, à participer aux efforts collectifs déployés à l'échelle de leur secteur d'activité aux côtés d'autres entreprises de coordonner leurs politiques en matière de devoir de diligence et leurs stratégies de gestion des risques, y compris grâce à des échanges d'informations.

27. Les entreprises sont également encouragées à participer à des initiatives privées ou multipartites et au dialogue social sur une conduite responsable des entreprises, telles que celles préconisées par la Décision du Conseil sur les *Principes directeurs de l'OCDE à l'intention des entreprises multinationales sur la conduite responsable des entreprises* et les Procédures figurant en annexe.

28. Un engagement constructif des parties prenantes s'avère essentiel au processus du devoir de diligence. Dans certains cas, cet engagement peut également être en soi un droit des parties prenantes. L'engagement des parties prenantes repose sur des procédures interactives avec les parties prenantes concernées grâce par exemple à des réunions, des auditions ou des consultations. Les parties prenantes concernées sont tout individu ou groupe, ou leurs représentants mandatés, qui dispose de droits ou d'intérêts liés aux domaines visés par les *Principes directeurs*, lesquels droits ou intérêts sont ou pourraient être affectés négativement par des impacts négatifs associés aux activités, produits ou services d'une entreprise. Les entreprises peuvent donner la priorité aux parties prenantes les plus durement touchées ou qui présentent les plus forts risques d'être touchées. Le degré d'engagement peut être déterminé en fonction du niveau de gravité des impacts pour les parties prenantes. Un engagement constructif des parties prenantes repose sur une collaboration bilatérale, menée de bonne foi par l'ensemble des participants et qui prend en compte l'avis des parties prenantes. Pour garantir la pertinence et l'efficacité de cet engagement, il convient de veiller à ce qu'il soit réactif, accessible, adapté et sûr pour les parties prenantes, mais aussi d'identifier et d'éliminer tout obstacle potentiel à la participation de parties prenantes marginalisées ou dans des situations de vulnérabilité. Le Guide OCDE sur le devoir de diligence pour une conduite responsable des entreprises et les guides sectoriels pertinents de l'OCDE proposent aux entreprises une aide pratique pour encourager l'engagement des parties prenantes, y compris dans le cadre de leur processus du devoir de diligence. Un tel engagement est particulièrement important lorsqu'il s'agit de planifier et de prendre des décisions sur des projets ou d'autres activités impliquant par exemple une utilisation intensive de terres ou d'eau, susceptibles d'avoir des répercussions significatives pour les populations locales.

29. Enfin, il faut noter que les mesures d'autorégulation et les mesures du même type, y compris les *Principes directeurs*, ne devraient pas restreindre illégalement la concurrence et ne devraient pas non plus être considérées comme se substituant à une législation ou une réglementation publique efficace. Il est entendu que les entreprises multinationales devraient éviter tout effet de distorsion des échanges et des investissements qui pourrait résulter des codes ou des pratiques d'autorégulation qu'elles mettent au point.

III. Publication d'informations

1. Les entreprises devraient tenir compte des politiques publiques en matière de publication d'informations établies dans les pays et les secteurs où elles exercent leurs activités, et prendre en considération les points de vue et les besoins en information des actionnaires et autres parties prenantes concernées. Les entreprises devraient publier des informations fiables, claires, complètes, précises et comparables, et ce, de façon régulière, prompte et suffisamment détaillée, sur tous les aspects significatifs de leurs activités. Ces informations devraient être publiées pour l'entreprise dans son ensemble et, s'il y a lieu, par branche d'activité ou zone géographique. Les politiques de publication d'informations des entreprises devraient être adaptées à leur nature, à leur taille et lieu d'opération, en tenant compte du coût, de la confidentialité et d'autres considérations relevant de la concurrence.

2. Dans leurs politiques de publication d'informations, les entreprises devraient inclure (sans que la liste suivante soit limitative) des informations détaillées concernant :

a) leurs résultats financiers et leurs résultats d'exploitation ;

b) leurs objectifs et des informations liées à la durabilité ;

c) leur structure de capital, leur structure de groupe et leurs modalités de contrôle ;

d) les participations significatives, dont les bénéficiaires effectifs, et le détail des droits de vote ;

e) les informations relatives à la composition du conseil d'administration et à ses membres portant notamment sur leurs qualifications, le processus de sélection, leur appartenance au conseil d'administration d'autres sociétés et le fait qu'ils soient considérés comme indépendants par le conseil d'administration ;

f) la rémunération des membres du conseil d'administration et des principaux dirigeants ;

g) les transactions avec des parties liées ;

h) les facteurs de risque prévisibles ;

i) les structures et les politiques de gouvernance d'entreprise, y compris le degré de conformité aux politiques ou codes nationaux de gouvernance d'entreprise, et les processus par lesquels ils sont mis en œuvre ;

j) les contrats de créance, ainsi que le niveau de risque de non-respect des engagements.

3. Il est également important que les entreprises publient des informations en matière de conduite responsable des entreprises, notamment dans le cadre de leur responsabilité de mettre en œuvre le devoir de diligence. Certaines de ces informations peuvent également s'avérer significatives au titre du paragraphe 2. Les informations relatives à la conduite responsable des entreprises peuvent inclure :

a) des déclarations de valeurs ou de conduite à l'intention du public, notamment des politiques relatives aux problématiques de conduite responsable des entreprises qui fassent ressortir les engagements de l'entreprise par rapport aux normes et règles énoncées dans les *Principes directeurs*, ainsi que leurs projets pour mettre en œuvre le devoir de diligence ;

b) des politiques ou autres codes de conduite auxquels l'entreprise souscrit, avec la date de leur adoption et la mention des pays et des entités auxquels ils s'appliquent ;

c) des informations sur les mesures adoptées pour intégrer des politiques relatives aux problématiques de conduite responsable des entreprises au sein des instances dirigeantes et des organes de contrôle des entreprises ;

d) les domaines identifiés par l'entreprise comme ayant des impacts significatifs ou présentant des risques importants ; les impacts négatifs ou risques identifiés, priorisés et évalués, ainsi que les critères de hiérarchisation des priorités ;

e) leurs performances en matière de respect des déclarations énoncées au paragraphe 3(a) et des codes décrits au paragraphe (b), y compris les mesures adoptées pour prévenir ou atténuer les risques ou impacts mentionnés aux paragraphes 3(c) et (d), mais aussi, le cas échéant, un calendrier estimatif, des critères indicatifs de référence et les résultats escomptés, ainsi que les actions mises en œuvre par les entreprises pour remédier à toute difficulté ou coopérer aux efforts en ce sens ;

f) des informations sur les dispositifs d'audit interne, de gestion des risques et d'application de la loi ;

g) des informations sur les relations avec les travailleurs et les autres parties prenantes ;

h) toute information complémentaire conforme aux recommandations en matière de publication d'informations sur la conduite responsable des entreprises, telles qu'indiquées dans les chapitres IV et VI.

4. Les entreprises devraient préparer et diffuser des informations conformément aux normes internationalement reconnues en matière de comptabilité et de publication d'informations et s'abstenir de publier toute information parcellaire ou peu claire. Une vérification externe des comptes devrait être conduite chaque année, conformément à des normes internationalement reconnues en matière d'audit, d'éthique et d'indépendance, par un auditeur indépendant, compétent et qualifié, chargé de donner au conseil d'administration et aux actionnaires l'assurance raisonnable que les états financiers sont préparés, sous tous leurs aspects significatifs, conformément au référentiel applicable. Pour renforcer la crédibilité des informations en matière de conduite responsable des entreprises, les entreprises peuvent chercher à bénéficier d'une validation externe et certifiée de ces informations.

Commentaire sur le Chapitre III : Publication d'informations

30. Ce chapitre a pour objet de favoriser la transparence et la responsabilité dans les activités des entreprises multinationales. Des informations claires et complètes sur les entreprises sont importantes pour une multitude d'utilisateurs, depuis les actionnaires, les investisseurs potentiels et la communauté financière jusqu'aux travailleurs, en passant par les communautés locales, les groupes d'intérêts, les gouvernements ou la société dans son ensemble. Pour que l'on puisse mieux connaître la structure des entreprises, leurs activités, leurs stratégies et leurs performances sur les aspects environnementaux, sociaux et de gouvernance d'entreprise, les entreprises devraient exercer leurs activités dans la transparence et répondre aux demandes d'information d'un public de plus en plus exigeant.

31. La première série de recommandations reprend les éléments qui sont mentionnés dans les *Principes de gouvernance d'entreprise du G20 et de l'OCDE* [OECD/LEGAL/0413]. Les notes les concernant contiennent des orientations complémentaires et les recommandations énoncées dans les *Principes directeurs* devraient être interprétées à la lumière de ces dernières. La première série de recommandations vise en priorité les entreprises cotées et tous les aspects significatifs de leurs activités. Les informations significatives peuvent être définies comme celles dont on peut raisonnablement attendre que l'omission ou la falsification influence l'évaluation de la valeur d'une entreprise par un investisseur. Il

s'agit généralement de la valorisation, du calendrier et du degré de certitude des flux de trésorerie futurs de l'entreprise. Sont également considérées comme des données significatives les informations qu'un investisseur raisonnable considérerait comme importantes pour prendre une décision en matière d'investissement ou de vote. Si elles sont jugées applicables compte tenu de la nature, de la taille et de l'emplacement des entreprises concernées, ces recommandations en matière de publication d'informations pourraient en outre contribuer utilement à améliorer la gouvernance d'entreprise dans les sociétés non cotées, par exemples les entreprises au capital social privé ou les entreprises publiques. Cette série de recommandations appelle les entreprises à publier des informations fiables, claires, complètes, précises et comparables, et ce, de façon régulière, prompte et suffisamment détaillée sur tous leurs aspects significatifs, en particulier leur situation financière, leurs résultats, leur durabilité, leur actionnariat et leur système de gouvernance d'entreprise. Les informations relatives à la rémunération des administrateurs et des dirigeants intéressent également les actionnaires, notamment les liens entre la rémunération et les résultats à long terme, la durabilité et la résilience de l'entreprise. On attend par ailleurs des sociétés qu'elles rendent publiques, en temps opportun, les informations sur la rémunération des administrateurs et des principaux dirigeants, y compris les modifications significatives apportées à celle-ci, ainsi que le niveau ou le montant des rémunérations, sur une base normalisée permettant d'établir des comparaisons, afin que les investisseurs puissent évaluer, au regard des résultats de la société, les coûts et les avantages des grilles de rémunération ainsi que la contribution des systèmes d'incitation, notamment des plans d'options d'achat d'actions. Les transactions significatives avec des parties liées et les facteurs de risque prévisibles significatifs constituent des informations additionnelles pertinentes qui devraient également être divulguées.

32. Les *Principes directeurs* incluent une deuxième série de recommandations consacrées d'une part, à la publication d'informations sur la conduite responsable des entreprises, y compris relative aux impacts négatifs réels ou potentiels des activités de l'entreprise sur les populations, l'environnement et la société et, d'autre part, aux processus du devoir de diligence, lesquels peuvent s'avérer significatifs dans la prise de décisions des investisseurs mais aussi pour un plus large cercle de parties prenantes (travailleurs et leurs représentants, communautés locales, société civile, etc.). Dans le cadre de la publication d'informations, les procédures du devoir de diligence, telles qu'énoncées au paragraphe 3, peuvent être un moyen utile pour les entreprises de s'assurer qu'elles identifient et publient toute information pertinente en matière de conduite responsable des entreprises de façon cohérente et crédible, y compris des informations susceptibles d'être significatives. Le devoir de diligence peut ainsi aider les entreprises à détecter les risques et impacts négatifs, et à améliorer la pertinence, la qualité et la comparabilité des informations publiées conformément aux paragraphes 2 et 3. Les processus du devoir de diligence peuvent par ailleurs permettre une évaluation crédible des progrès des entreprises vers des objectifs et par rapport à des engagements pour lesquels des cibles clairement mesurables ou identifiables n'existent pas nécessairement. Plusieurs pays autorisent ou exigent la prise en compte des intérêts des parties prenantes et de nombreuses entreprises rendent publiques des informations qui vont au-delà des seuls résultats financiers, et estiment que la publication de telles informations est un bon moyen de manifester leur attachement à des pratiques de conduite responsable de façon plus générale et leurs performances en la matière. Ce deuxième type de publication d'informations (ou de communication avec le public et les autres parties directement affectées par les activités de l'entreprise ou ses relations d'affaires) peut s'appliquer à des entités allant au-delà de celles couvertes par la comptabilité financière de l'entreprise. Il peut par exemple s'agir d'informations sur les activités de sous-traitants, de fournisseurs, d'associés dans des co-entreprises ou d'autres acteurs avec lesquels l'entreprise entretient une relation d'affaires.

33. Ces deux types de publication d'informations, décrits aux paragraphes 2 et 3, sont néanmoins liés et certaines informations peuvent être pertinentes pour les deux. Pour définir quelles sont les informations qui devraient être publiées au titre du paragraphe 2, les *Principes directeurs* utilisent la notion de caractère significatif. Les informations relevant du paragraphe 2, y compris les informations relatives à la conduite responsable des entreprises et au devoir de diligence, peuvent aussi être considérées comme significatives si le fait de ne pas les publier ou de les fausser risquerait raisonnablement d'influencer soit

l'évaluation d'un investisseur quant à la valeur d'une entreprise, à son calendrier et à la précision des flux de trésorerie futurs, soit les décisions de vote ou de financement des investisseurs. La définition de ce qui caractérise des informations significatives peut évoluer au fil du temps, et ce, en fonction du contexte local, de la situation spécifique des entreprises et des exigences nationales. Les utilisateurs d'informations financières et les intervenants sur le marché ont besoin d'informations sur les facteurs de risque significatifs et raisonnablement prévisibles, à savoir : les risques spécifiques à une branche d'activité ou aux zones géographiques dans lesquelles opère l'entreprise, la dépendance de l'entreprise vis-à-vis des matières premières et de la chaîne d'approvisionnement, les risques encourus sur les marchés de capitaux, notamment les risques de taux ou de change, les risques liés aux instruments dérivés et aux opérations hors bilan, les risques en matière de conduite des entreprises, de sécurité numérique, de conformité, et enfin de durabilité, et plus particulièrement les risques climatiques. Certains pays peuvent également imposer ou recommander la publication d'informations sur les aspects de durabilité essentiels aux salariés et aux principales parties prenantes d'une entreprise ou à l'influence que peut avoir une entreprise sur certains risques non diversifiables.

34. Concernant les informations publiées au titre du paragraphe 3, les risques et impacts qui pourraient ne pas sembler revêtir d'importance financière mais qui s'avèrent pertinents pour les populations et l'environnement peuvent à terme devenir financièrement significatifs pour une entreprise en fonction des circonstances.

35. Les recommandations en matière de publication d'informations présentées dans ce chapitre et dans les *Principes directeurs* de manière générale ne devraient pas imposer aux entreprises une charge excessive en termes de coûts ou de lourdeurs administratives. Il ne devrait pas non plus être attendu des entreprises qu'elles rendent publiques des informations pouvant compromettre leur situation concurrentielle, à moins que ces informations ne soient indispensables pour éclairer pleinement les investisseurs et éviter de les induire en erreur.

36. La préparation et la publication d'informations devraient se faire conformément aux normes reconnues au niveau international en matière de comptabilité et de communication. Une vérification externe des comptes devrait être conduite chaque année, conformément à des normes internationalement reconnues en matière d'audit, d'éthique et d'indépendance, par un auditeur indépendant, compétent et qualifié, chargé de donner l'assurance raisonnable que les états financiers sont préparés, sous tous leurs aspects significatifs, conformément au référentiel applicable.

37. Beaucoup d'entreprises ont adopté des mesures qui ont pour but de les aider à se conformer à la loi et à certaines normes de conduite, et aussi à améliorer la transparence de leurs activités. De plus en plus nombreuses sont celles qui ont mis en place des codes de conduite volontaires, traduisant leur adhésion à certaines valeurs éthiques ou normes internationales dans des domaines comme l'environnement (dont le changement climatique et la biodiversité), les droits humains, les normes du travail, la protection des consommateurs ou la fiscalité. Des systèmes de gestion spécialisés ont été élaborés ou sont en cours de mise au point et continuent à évoluer pour les aider à respecter ces engagements ; ils portent en particulier sur des systèmes d'informations, des procédures opérationnelles ou encore des obligations en matière de formation.

38. Il peut être exigé des entreprises qu'elles rendent compte de leur respect de normes plus larges en matière de publication d'informations imposées par des autorités réglementaires ou de cotation. Par ailleurs, lorsqu'il existe des exigences légales ou des obligations de publication d'informations au niveau national, les entreprises devraient chercher à adopter les meilleures pratiques internationales émergentes et les évolutions des normes de publication d'informations, relatives par exemple au climat et aux émissions de carbone, et à s'y conformer. Les entreprises coopèrent avec les ONG et les organisations intergouvernementales à la mise au point de normes de publication d'informations grâce auxquelles elles seront mieux à même de rendre compte de l'influence de leurs activités dans les domaines qui se rapportent au développement durable.

39. Les entreprises sont encouragées à publier de façon proactive toute information pertinente en matière de conduite responsable des entreprises, à fournir des données claires, complètes, précises et facilement accessibles, en temps opportun et facile à utiliser, ainsi qu'à permettre un accès peu coûteux aux informations publiées et à envisager le recours aux technologies de l'information à ces fins. Les informations communiquées aux usagers sur le marché du pays d'origine devraient être également accessibles à tous les usagers intéressés, et ce, en tenant compte des considérations d'accessibilité. Les entreprises devraient veiller à ce que la présentation des informations soit adaptée aux différents publics visés et peuvent prendre des mesures spéciales pour diffuser ces informations au sein des communautés n'ayant pas accès aux médias imprimés ou en ligne (par exemple, les populations isolées ou défavorisées directement affectées par les activités de l'entreprise).

40. L'examen des informations relatives à la conduite responsable des entreprises par une entité indépendante, compétente et qualifiée, conformément aux normes reconnues au niveau international en matière d'assurance, permet de prouver le bien-fondé des informations publiées et renforcer la confiance en ces informations, mais aussi de contribuer à améliorer la qualité et la comparabilité des rapports produits.

IV. Droits humains

Les États ont le devoir de protéger les droits humains. Dans le cadre des droits humains internationalement reconnus, des engagements internationaux envers les droits humains souscrits par les pays où elles exercent leurs activités ainsi que des lois et règlements nationaux pertinents, les entreprises devraient :

1. Respecter les droits humains, ce qui signifie qu'elles devraient se garder de porter atteinte aux droits d'autrui et devraient remédier aux impacts négatifs sur les droits humains auxquels elles sont liées.
2. Dans le cadre de leurs activités, éviter d'être la cause d'impacts négatifs sur les droits humains ou d'y contribuer, et remédier à ces impacts lorsqu'ils surviennent.
3. S'efforcer de prévenir et d'atténuer les impacts négatifs sur les droits humains directement liés à leurs activités, leurs produits ou leurs services en raison d'une relation d'affaires avec une autre entité, même si elles ne contribuent pas à ces impacts.
4. Élaborer et diffuser publiquement une politique formulant leur engagement à respecter les droits humains.
5. Exercer le devoir de diligence en matière de droits humains, en fonction de leur taille, de la nature et du contexte de leurs activités et de la gravité des risques d'impacts négatifs sur ces droits.
6. Établir des mécanismes légitimes ou s'y associer afin de réparer les impacts négatifs sur les droits humains lorsqu'il s'avère qu'elles en sont la cause ou qu'elles y ont contribué.

Commentaire sur le Chapitre IV : Droits humains

41. Ce chapitre s'ouvre sur un chapeau qui définit le cadre dans lequel s'inscrivent les recommandations spécifiques relatives au respect des droits humains par les entreprises. Il s'inspire du Cadre pour les entreprises et les droits de l'homme « Protéger, respecter et réparer » établi par les Nations Unies et est conforme à leurs *Principes directeurs* relatifs aux entreprises et aux droits de l'homme, ainsi qu'à la Déclaration de principes tripartite de l'OIT sur les entreprises multinationales et la politique sociale.

42. Le chapeau et le premier paragraphe disposent que les États ont le devoir de protéger les droits humains, et que les entreprises, quels que soient leurs taille, secteur d'activité, contexte opérationnel, structure de propriété et organisation, devraient respecter les droits humains partout où elles exercent leurs activités. Le respect des droits humains est la norme mondiale de conduite attendue des entreprises, indépendamment de la capacité et/ou de la volonté des États de satisfaire à leurs obligations en la matière, et ne saurait atténuer ces obligations.

43. Le fait qu'un État n'applique pas sa législation nationale pertinente ou ne respecte pas ses obligations internationales en matière de droits humains, ou qu'il puisse enfreindre cette législation ou ces obligations internationales est sans effet sur la responsabilité des entreprises de respecter les droits humains. Dans les États où les lois et règlements nationaux sont contraires aux droits humains internationalement reconnus, les entreprises devraient rechercher les moyens de les respecter le plus

possible sans violer la législation nationale, conformément au paragraphe 2 du chapitre consacré aux concepts et principes.

44. Dans tous les cas et indépendamment de l'État ou du contexte spécifique dans lequel s'inscrivent les activités des entreprises, il convient de se référer pour le moins aux droits humains reconnus internationalement exprimés dans la Charte internationale des droits de l'homme, qui comprend la Déclaration universelle des droits de l'homme et les principaux instruments d'après lesquels elle a été codifiée : le Pacte international relatif aux droits civils et politiques et le Pacte international relatif aux droits économiques, sociaux et culturels, ainsi qu'aux principes concernant les droits fondamentaux exposés dans la Déclaration de l'Organisation internationale du travail sur les principes et droits fondamentaux au travail.

45. Les entreprises peuvent avoir un impact sur pratiquement tous les droits humains reconnus internationalement. Dans la pratique, certains droits humains peuvent être plus vulnérables aux impacts négatifs que d'autres dans certains secteurs ou contextes, et feront donc l'objet d'une attention plus soutenue. Toutefois, les situations peuvent changer ; par conséquent, tous les droits devraient être périodiquement examinés. En fonction des circonstances, les entreprises commerciales peuvent être amenées à envisager l'adoption de normes supplémentaires. Par exemple, les entreprises devraient respecter les droits humains des personnes qui appartiennent à des catégories spécifiques ou de populations qui méritent une attention particulière, dès lors qu'elles risquent d'avoir un impact négatif sur ces droits. Les entreprises devraient prêter une attention particulière aux impacts négatifs sur les particuliers, comme les défenseurs des droits humains par exemple, qui peuvent être exposés à un risque accru dû à une situation de marginalisation, de vulnérabilité ou autres circonstances, à titre individuel ou en tant que membres d'un groupe ou d'une population spécifique, y compris les Peuples Autochtones. Les guides OCDE sur le devoir de diligence, dont le Guide sur le devoir de diligence pour une conduite responsable des entreprises, le Guide sur le devoir de diligence pour un engagement constructif des parties prenantes dans le secteur extractif et le Guide OCDE-FAO pour des filières agricoles responsables définissent des orientations pratiques complémentaires en ce sens, dont le consentement préalable donné librement et en connaissance de cause (CPLCC). Les Nations Unies ont précisé les droits des Peuples Autochtones (Déclaration des Nations Unies sur les droits des Peuples Autochtones), des personnes appartenant à des minorités nationales ou ethniques, religieuses et linguistiques, mais aussi des femmes, des enfants, des personnes handicapées, et des travailleurs migrants et leurs familles. De plus, dans les situations de conflit armé, les entreprises devraient respecter les normes du droit international humanitaire. Dans un contexte de conflit armé ou de risque accru d'exactions graves, les entreprises devraient exercer le devoir de diligence renforcé face aux impacts négatifs, et notamment à toute violation du droit international humanitaire.

46. Dans le paragraphe 1, remédier aux impacts négatifs, réels et potentiels, sur les droits humains consiste à prendre des mesures adéquates pour repérer, si possible prévenir, et atténuer les impacts potentiels sur les droits humains, remédier aux impacts réels, et rendre compte des mesures prises à cette fin. L'expression « porter atteinte » désigne les impacts négatifs qu'une entreprise peut avoir sur les droits humains.

47. Le paragraphe 2 recommande aux entreprises d'éviter d'être la cause d'impacts négatifs sur les droits humains ou d'y contribuer par leurs activités et de remédier à ces impacts négatifs lorsqu'ils surviennent. Le terme « activités » recouvre à la fois les actions et les omissions. Lorsqu'une entreprise cause ou est susceptible de causer un impact négatif sur les droits humains, elle devrait prendre les mesures nécessaires pour empêcher cet impact ou y mettre un terme. Lorsqu'une entreprise contribue ou est susceptible de contribuer à un tel impact, elle devrait prendre les mesures nécessaires pour empêcher cette contribution ou y mettre un terme, ou user de son influence pour atténuer le plus possible l'incidence résiduelle éventuelle. L'entreprise détient un tel pouvoir lorsqu'elle est en mesure de modifier les pratiques d'une entité qui ont des impacts négatifs sur les droits humains.

48. Le paragraphe 3 concerne des situations plus complexes dans lesquelles une entreprise n'a pas contribué à un impact négatif sur les droits humains, mais où cet impact est néanmoins directement lié à ses activités, produits ou services du fait de sa relation d'affaires avec une autre entité. Le paragraphe 3 n'a pas pour but de transférer la responsabilité de l'entité qui est la cause d'un impact négatif sur les droits humains à l'entreprise avec qui elle a une relation d'affaires. Pour répondre à l'intention exprimée dans ce paragraphe, une entreprise, agissant seule ou en coopération avec d'autres entités, le cas échéant, devrait exercer et renforcer si nécessaire son influence pour convaincre l'entité qui a un impact négatif sur les droits humains d'empêcher ou d'atténuer cet impact. Les « relations d'affaires » d'une entreprise englobent les relations avec ses partenaires commerciaux, les agents de sa chaîne d'approvisionnement, d'autres acteurs non étatiques et des agents de l'État directement liés à ses activités commerciales, produits ou services. Parmi les facteurs qui entreront en ligne de compte pour déterminer l'action appropriée à engager en pareilles situations figurent le pouvoir exercé par l'entreprise sur l'entité concernée, l'importance de cette relation pour l'entreprise, la gravité de l'impact, et le point de savoir si la rupture de la relation avec l'entité aurait en soi un impact négatif sur les droits humains.

49. Le paragraphe 4 recommande aux entreprises d'exprimer leur engagement à respecter les droits humains par une déclaration publique qui : *(i)* soit approuvée au niveau hiérarchique le plus élevé de l'entreprise ; *(ii)* soit établie par des spécialistes internes et/ou externes ; *(iii)* définisse les attentes en matière de respect des droits humains de la part du personnel, des partenaires commerciaux et d'autres parties directement associées aux activités, produits ou services de l'entreprise ; *(iv)* soit communiquée en interne et en externe à l'ensemble du personnel, des partenaires commerciaux et des autres parties concernées ; *(v)* est reflétée dans les politiques opérationnelles et les procédures nécessaires à son ancrage dans l'entreprise.

50. Le paragraphe 5 recommande aux entreprises d'exercer le devoir de diligence en matière de droits humains. Ce processus implique d'évaluer les impacts réels et potentiels sur les droits humains, d'intégrer les résultats et d'engager des actions correspondantes, de suivre les réponses et de faire connaître les mesures prises pour remédier aux impacts. Le devoir de diligence en matière de droits humains peut être intégré dans les systèmes généraux de gestion des risques de l'entreprise, à condition qu'ils ne se limitent pas à identifier et gérer les risques significatifs pour l'entreprise proprement dite, mais s'étendent aux risques pour les détenteurs de droits. Il s'agit d'une activité continue, étant entendu que les risques concernant les droits humains peuvent changer à mesure que les activités de l'entreprise et son environnement évoluent. Les paragraphes A.11 à A.13 du chapitre sur les principes généraux et leurs commentaires formulent des indications complémentaires sur le devoir de diligence, y compris en lien avec la chaîne d'approvisionnement, et des réponses adéquates aux risques liés aux chaînes d'approvisionnement. Des orientations complémentaires ont par ailleurs été élaborées pour des secteurs particuliers et en réponse à des risques spécifiques, mais aussi au niveau intersectoriel à travers le Guide OCDE du devoir de diligence pour une conduite responsable des entreprises. Pour exercer le devoir de diligence en matière de droits humains, la prise en compte des risques uniques et croisés peut être nécessaire, y compris ceux liés à des caractéristiques individuelles ou à des groupes vulnérables ou marginalisés. À cet égard, un engagement constructif des parties prenantes est particulièrement important, et il peut être utile d'étudier les moyens nécessaires pour optimiser les résultats en matière de développement durable pour ces groupes spécifiques.

51. Lorsqu'une entreprise détecte, grâce à son processus du devoir de diligence ou par d'autres moyens, qu'elle a été la cause d'un impact négatif sur les droits humains ou qu'elle y a contribué, les *Principes directeurs* recommandent d'établir, ou de s'associer à travers des processus légitimes à, des mécanismes de réparation afin de réparer les impacts négatifs. Les entreprises devraient ainsi développer ou participer à des procédures permettant de réparer les impacts négatifs. Dans certaines situations, il est nécessaire de coopérer avec des mécanismes judiciaires ou non judiciaires relevant de l'État. Dans d'autres cas, des mécanismes de réclamation au niveau opérationnel disponibles pour les personnes susceptibles d'être affectées par les activités de l'entreprise peuvent être un moyen efficace d'établir de

telles procédures, à condition de remplir les critères fondamentaux suivants : légitimité, accessibilité, prévisibilité, caractère équitable, compatibilité avec les *Principes directeurs*, transparence, conformité aux droits humains et garantie d'apprentissage continu. Ces mécanismes doivent également être fondés sur le dialogue et la participation, avec la volonté de parvenir à des solutions concertées. Ces mécanismes peuvent être gérés par l'entreprise, seule ou en collaboration avec d'autres parties prenantes, et peuvent être source d'apprentissage continu. Les mécanismes de réclamation au niveau opérationnel ne devraient pas être utilisés en vue de saper le rôle des syndicats dans le règlement des conflits du travail, pas plus qu'ils ne devraient empêcher l'accès aux mécanismes de recours judiciaires ou non judiciaires, y compris aux Points de contact nationaux pour la conduite responsable des entreprises prévus par les *Principes directeurs*.

V. Emploi et relations professionnelles

Les entreprises devraient, dans le cadre des lois, règlements et pratiques applicables sur le plan de l'emploi et des relations du travail, ainsi que des normes internationales du travail en vigueur, éviter toute pratique illicite en matière d'emploi et de relations professionnelles, et se conformer aux exigences du devoir de diligence énoncées aux chapitres II et IV.

1.

a) Respecter le droit des travailleurs de constituer des syndicats et des organisations représentatives de leur choix ou de s'y affilier, y compris en évitant d'interférer avec la décision des travailleurs de constituer des syndicats et des organisations représentatives de leur choix ou de s'y affilier.

b) Respecter le droit des travailleurs de mandater des syndicats et des organisations représentatives de leur choix afin de les représenter lors de négociations collectives, et d'engager, soit individuellement, soit par l'intermédiaire d'associations d'employeurs, des négociations constructives avec ces représentants, en vue d'aboutir à des accords sur les conditions d'emploi.

c) Contribuer à l'abolition effective du travail des enfants, et prendre des mesures immédiates et efficaces pour assurer de façon urgente l'élimination des pires formes du travail des enfants.

d) Contribuer à l'élimination de toute forme de travail forcé ou obligatoire et prendre des mesures immédiates et efficaces de façon urgente en faveur de l'élimination du travail forcé ou obligatoire.

e) S'inspirer, dans leurs activités, du principe de l'égalité des chances et de traitement dans le travail, et ne pas pratiquer de discrimination envers leurs travailleurs en matière d'emploi ou de profession pour des motifs tels que la race, la couleur, le genre, l'âge, la religion, l'opinion politique, nationalité ou l'origine sociale, l'invalidité ou toute autre circonstance, les pratiques sélectives concernant les caractéristiques des travailleurs ne pouvant que servir une politique établie des gouvernements qui favorise spécifiquement une plus grande égalité des chances en matière d'emploi ou répondre aux exigences intrinsèques d'un emploi.

f) Établir un environnement de travail sûr et sain, conforme à la Déclaration de l'OIT sur les principes et droits fondamentaux au travail.

2.

a) Fournir aux représentants des travailleurs les moyens nécessaires pour faciliter la mise au point de conventions collectives efficaces.

b) Communiquer, en temps opportun, aux représentants des travailleurs les informations nécessaires à des négociations constructives sur les conditions d'emploi.

c) Fournir aux travailleurs et à leurs représentants les informations leur permettant de se faire une idée exacte et correcte de l'activité et des résultats de l'entité ou, le cas échéant, de l'entreprise dans son ensemble.

3. Promouvoir les consultations et la coopération entre les employeurs, les travailleurs et leurs représentants, par le biais de procédures, structures ou mécanismes légitimes, sur des sujets d'intérêt commun.

4.

a) Observer en matière d'emploi, de dispositifs contractuels et de relations du travail des normes.

b) Lorsque des entreprises multinationales opèrent dans d'autres pays, les salaires, prestations et conditions de travail proposés dans le cadre de leurs activités ne devraient pas être pas moins favorables aux travailleurs que ceux qui sont proposés par des employeurs comparables dans le pays d'accueil. Lorsqu'il n'existe pas d'employeurs comparables, les entreprises devraient octroyer les meilleurs salaires, prestations et conditions de travail possibles dans le cadre des politiques publiques et des normes internationales applicables. Ceux-ci devraient être en rapport avec la situation économique de l'entreprise, mais devraient être au moins suffisants pour satisfaire les besoins essentiels des travailleurs et de leurs familles.

c) Veiller à l'application de normes les plus rigoureuses de sécurité et de santé au travail.

5. Dans leurs activités, dans toute la mesure du possible, employer du personnel local et assurer une formation en vue d'améliorer les niveaux de qualification, en coopération avec les représentants des travailleurs et, le cas échéant, avec les autorités publiques compétentes.

6. Lorsqu'elles envisagent d'apporter à leurs opérations des changements susceptibles d'avoir des effets importants sur les moyens d'existence de leurs travailleurs, notamment en cas de fermeture d'une entité entraînant des licenciements collectifs, en avertir dans un délai raisonnable les représentants des travailleurs affectés et, le cas échéant, les autorités nationales compétentes et coopérer avec ces représentants et autorités de façon à atténuer au maximum les effets défavorables de ces changements. Compte tenu des circonstances particulières dans chaque cas, il serait souhaitable que la direction en avertisse les intéressés avant que la décision définitive ne soit prise. D'autres moyens pourront être également utilisés pour que s'instaure une coopération constructive en vue d'atténuer les effets de telles décisions.

7. Lors des négociations menées de bonne foi avec des représentants des travailleurs sur les conditions d'emploi, ou lorsque les travailleurs exercent leur droit de s'organiser, ne pas menacer de transférer hors du pays en cause tout ou partie d'une unité d'exploitation ni de transférer des travailleurs venant d'entités constitutives de l'entreprise situées dans d'autres pays en vue d'exercer une influence déloyale sur ces négociations ou de faire obstacle à l'exercice du droit de s'organiser ou de mener des négociations collectives.

8. Permettre aux représentants habilités de leurs travailleurs de mener des négociations sur les questions relatives aux conventions collectives ou aux relations entre salariés et employeurs et autoriser les parties à entreprendre des consultations sur les sujets d'intérêt commun avec les représentants patronaux habilités à prendre des décisions sur ces questions.

Commentaire sur le Chapitre V : L'emploi et les relations professionnelles

52. Ce chapitre débute par un chapeau qui fait référence aux lois et règlements « applicables » afin de tenir compte du fait que les entreprises multinationales, tout en opérant sur le territoire de certains pays, peuvent être soumises en matière d'emploi et de relations professionnelles à des dispositions nationales et internationales. Les termes « pratiques en vigueur en matière d'emploi et de relations de travail » sont suffisamment larges pour permettre diverses interprétations compte tenu des différentes situations nationales, par exemple, en ce qui concerne les différentes possibilités de négociation offertes aux travailleurs en vertu de la législation nationale.

53. L'Organisation internationale du travail (OIT) est l'organe compétent pour établir les normes internationales du travail, les mettre en œuvre et pour promouvoir les droits fondamentaux au travail tels qu'ils sont reconnus dans la Déclaration de l'OIT sur les principes et droits fondamentaux au travail. Les

Principes directeurs, en tant qu'instrument non contraignant, ont un rôle à jouer pour promouvoir l'observation de ces normes et principes par les entreprises multinationales. Les *Principes directeurs* reflètent les dispositions pertinentes de la Déclaration ainsi que de la Déclaration de principes tripartite de l'OIT sur les entreprises multinationales et la politique sociale (la « Déclaration de l'OIT sur les entreprises multinationales »). La Déclaration de l'OIT sur les entreprises multinationales établit des principes dans le domaine de l'emploi, de la formation, des conditions de travail et des relations professionnelles, tandis que les *Principes directeurs* couvrent tous les aspects majeurs de la conduite des entreprises. Les *Principes directeurs* de l'OCDE et la Déclaration de l'OIT sur les entreprises multinationales ont trait à la conduite attendue des entreprises, et sont alignés, non en contradiction. La Déclaration de l'OIT sur les entreprises multinationales peut donc être utile pour la bonne compréhension des *Principes directeurs* dès lors qu'elle est plus approfondie. Néanmoins, les procédures de suivi de la Déclaration de l'OIT sur les entreprises multinationales et des *Principes directeurs* ne relèvent pas des mêmes organes.

54. La terminologie employée dans le chapitre V est conforme à celle utilisée dans la Déclaration l'OIT sur les entreprises multinationales. Il est admis qu'en l'absence de relation de travail, les entreprises n'en sont pas moins tenues d'agir conformément aux recommandations relatives au devoir de diligence fondé sur les risques et aux chaînes d'approvisionnement, qui figurent aux paragraphes A.11 à A.14 du chapitre II consacré aux Principes généraux. Cela vaut plus particulièrement pour les secteurs dans lesquels l'informalité, les contrats de travail à court terme, le manque d'emplois décents et la transformation numérique peuvent être plus courants.

55. Ces recommandations n'entrent pas en conflit avec les relations civiles et commerciales proprement dites, mais cherchent plutôt à garantir que les personnes engagées dans une relation de travail bénéficient de la protection à laquelle elles ont droit au titre des *Principes directeurs*.

56. Le premier paragraphe du présent chapitre fait référence à l'ensemble des principes et droits fondamentaux au travail énoncés dans la Déclaration de l'OIT sur les principes et droits fondamentaux au travail, à savoir la liberté d'association et le droit de négociation collective, l'abolition effective du travail des enfants, l'élimination de toute forme de travail forcé ou obligatoire, la non-discrimination en matière d'emploi et de profession, et la promotion d'un environnement de travail sûr et sain. Ces principes et droits ont été développés sous la forme de droits et obligations spécifiques dans les Conventions de l'OIT reconnues comme fondamentales.

57. Le paragraphe 1c) recommande que les entreprises multinationales contribuent à l'abolition effective du travail des enfants au sens de la Déclaration de l'OIT sur les principes et droits fondamentaux au travail. La Convention 138 et la Recommandation 146 (adoptées en 1973), qui concernent l'âge minimum d'admission à l'emploi, sont deux instruments établis de longue date de l'OIT dans le domaine du travail des enfants, tout comme la Convention 182 et la Recommandation 190 sur les pires formes de travail des enfants. Grâce à leurs pratiques en matière de gestion de la main-d'œuvre, aux emplois décents, de haute qualité et bien rémunérés qu'elles créent et à leur contribution à la croissance économique, les entreprises multinationales peuvent jouer un rôle positif en aidant à s'attaquer aux causes profondes de la pauvreté en général et du travail des enfants en particulier. Il importe de reconnaître et de favoriser le rôle que peuvent jouer les entreprises multinationales en contribuant à la recherche d'une solution durable au problème du travail des enfants. À cet égard, l'amélioration du niveau d'éducation des enfants dans les pays d'accueil doit retenir tout particulièrement l'attention.

58. Le paragraphe 1d) recommande que les entreprises contribuent à l'élimination de toute forme de travail forcé et obligatoire, autre principe repris de la Déclaration de l'OIT sur les principes et droits fondamentaux au travail, et reconnaît comme droit de l'homme la protection contre le travail forcé et obligatoire dans le Pacte international relatif aux droits civils et politiques. La référence à ce droit fondamental du travail se fonde sur la Convention 29 de 1930 de l'OIT, et son Protocole de 2014, et la Convention 105 de 1957. La Convention 29 exhorte les gouvernements à « supprimer l'emploi du travail forcé ou obligatoire sous toutes ses formes dans le plus bref délai possible » et la Convention 105 les

appelle à « supprimer le travail forcé ou obligatoire et n'y recourir sous aucune forme » dans un certain nombre de cas énumérés (par exemple, en tant que moyen de coercition politique ou mesure de discipline du travail) et de « prendre des mesures efficaces en vue de l'abolition immédiate et complète du travail forcé ou obligatoire ». Dans le même temps, il est bien entendu que l'OIT est l'instance compétente en ce qui concerne la question délicate du travail carcéral, en particulier lorsqu'il s'agit de l'emploi de prisonniers par des particuliers, des entreprises ou des associations (ou leur mise à disposition). Les entreprises devraient prendre les mesures nécessaires pour empêcher la traite des êtres humains, y compris à des fins de travail forcé, et lutter contre les pratiques coercitives, dont la servitude pour dettes. Les entreprises devraient se référer aux indicateurs du travail forcé définis par l'OIT et renforcer la transparence dans les mesures adoptées pour maîtriser les risques de travail forcé sous-jacents à leurs activités, produits et services.

59. La référence au principe de non-discrimination en matière d'emploi et de profession au paragraphe 1e) s'applique aux conditions telles que l'embauche, l'affectation, le licenciement, la rémunération et autres avantages, l'avancement, le transfert ou la relocalisation, la cessation d'emploi, la formation et la retraite. La liste des formes interdites de discrimination énumérées dans la Convention 111 concernant la discrimination (emploi et profession) de l'OIT, la Convention 100 de l'OIT, la Convention 183 sur la protection de la maternité, la Convention 159 sur la réadaptation professionnelle et l'emploi des personnes handicapées, la Recommandation 162 sur les travailleurs âgés et la Recommandation 200 concernant le VIH et le SIDA et le monde du travail, considère que toute distinction, exclusion ou préférence pour ces motifs est contraire aux Conventions, Recommandations et Codes. Le terme « autre circonstance » aux fins des *Principes directeurs* recouvre l'activité syndicale et des caractéristiques personnelles comme l'âge, l'invalidité, le genre, la grossesse, la situation de famille, l'orientation sexuelle et la sérologie VIH. Conformément aux dispositions du paragraphe 1e), il est attendu des entreprises qu'elles promeuvent les mêmes opportunités pour tous, en insistant tout particulièrement sur l'égalité des critères pour la sélection, la rémunération, la formation et l'avancement, et sur une application égalitaire de ces critères. Il est également attendu des entreprises qu'elles empêchent les discriminations ou le licenciement pour cause de mariage, de grossesse, ou visant les travailleurs ayant des responsabilités familiales. La Convention 190 de l'OIT concernant l'élimination de la violence et du harcèlement dans le monde du travail est notamment significative à cet égard.

60. Le paragraphe 1f) recommande à toutes les entreprises d'établir un environnement de travail sûr et sain, y compris par la prévention des accidents et des maladies professionnelles en cours d'emploi ou en liaison avec l'emploi, et ce, en limitant, dans toute la mesure du possible et du raisonnable, les risques inhérents à l'environnement de travail.

61. Le paragraphe 2c) de ce chapitre dispose qu'il est attendu que les informations fournies par les entreprises aux travailleurs et à leurs représentants donnent une « idée exacte et correcte » des résultats. Ces informations concernent la structure de l'entreprise, sa situation et ses perspectives économiques et financières, les impacts négatifs de ses activités sur la santé et la sécurité de l'environnement, l'évolution de l'emploi et les changements importants attendus dans leurs activités, compte tenu des impératifs légitimes de confidentialité. L'élément de confidentialité signifie que les informations peuvent ne pas être fournies sur certains points, ou n'être fournies qu'avec certaines protections.

62. La référence aux formes consultatives de participation des travailleurs au paragraphe 3 du chapitre provient de la Recommandation 94 de l'OIT concernant la consultation et la collaboration entre employeurs et travailleurs sur le plan de l'entreprise. Elle est également conforme à une disposition de la Déclaration de l'OIT sur les entreprises multinationales. De tels dispositifs de consultation ne devraient pas se substituer au droit des travailleurs de négocier leurs conditions de travail. Une recommandation au sujet des dispositifs de consultation relatifs aux conditions de travail figure également au paragraphe 8.

63. Au paragraphe 4, les normes d'emploi et de relations professionnelles sont réputées couvrir la rémunération et le temps de travail. La référence à la santé et à la sécurité du milieu de travail implique

qu'il est attendu des entreprises multinationales qu'elles appliquent les réglementations et les normes professionnelles en vigueur pour réduire le risque d'accident et de maladie professionnelle en cours d'emploi ou en liaison avec l'emploi. Il s'agit d'encourager les entreprises à travailler à l'amélioration du niveau de performance en matière de santé et de sécurité du milieu du travail dans toutes leurs composantes, même si ceci n'est pas formellement exigé par les réglementations en vigueur dans les pays où elles opèrent. Il s'agit aussi d'encourager les entreprises à respecter la possibilité, pour les travailleurs, de se retirer d'une situation de travail lorsqu'il y a des motifs raisonnables de penser qu'elle présente un danger imminent et grave pour la santé ou la sécurité. Les problèmes de santé et de sécurité, vu leur importance et les complémentarités avec d'autres recommandations, sont traités également dans d'autres dispositions des *Principes directeurs*, surtout à propos de la protection des consommateurs et de l'environnement. La Recommandation 194 de l'OIT sur la liste des maladies professionnelles fournit une liste indicative des maladies professionnelles et précise les recueils de directives pratiques ou guides que les entreprises peuvent prendre en compte pour mettre en œuvre cette recommandation des *Principes directeurs*. D'autres orientations à l'intention des entreprises relativement à la santé et à la sécurité du milieu de travail sont développées dans la partie IV (Action au niveau de l'entreprise) de la Convention 155 de l'OIT sur la sécurité et la santé des travailleurs et dans les *Principes directeurs* concernant les systèmes de gestion de la sécurité et de la santé au travail (ILO-OSH).

64. En vertu de la recommandation énoncée au paragraphe 5, les entreprises multinationales sont invitées à recruter sur place une proportion adéquate de leur main-d'œuvre (y compris le personnel de gestion) et à leur assurer une formation. Toute formation de développement des compétences et de reconversion professionnelle devrait anticiper les modifications des activités et des besoins des employeurs, y compris celles découlant d'évolutions sociétales, environnementales et technologiques liées à l'automatisation, la transformation numérique, la transition juste et le développement durable. Les dispositions de ce paragraphe concernant la formation et le niveau de qualification complètent le texte du paragraphe A.4 du chapitre sur les principes généraux qui a trait à la promotion de la formation du capital humain. La référence au personnel local complète le texte encourageant la création de capacités locales au paragraphe A.3 du chapitre sur les principes généraux. Conformément à la Recommandation 195 de l'OIT sur la mise en valeur des ressources humaines (2004), les entreprises sont également encouragées à investir, dans toute la mesure du possible, dans l'éducation et la formation tout au long de la vie, tout en garantissant l'égalité des chances dans l'éducation pour les femmes et d'autres catégories vulnérables, telles que les jeunes, les personnes peu qualifiées, les personnes handicapées, les migrants, les travailleurs âgés et les populations autochtones.

65. Les entreprises ont un rôle important à jouer dans la promotion et la création d'emplois décents. Le paragraphe 6 recommande aux entreprises d'avertir dans un délai raisonnable les représentants des travailleurs et les autorités publiques compétentes lorsqu'elles envisagent d'apporter à leurs opérations des changements susceptibles d'avoir des effets importants sur les moyens d'existence de leurs travailleurs, notamment en cas de fermeture d'une entité ou d'automatisation de leurs activités entraînant des licenciements collectifs massifs. Comme il est indiqué dans ce paragraphe, le but est de ménager la possibilité d'une coopération afin d'atténuer les effets de ces changements. C'est là un principe important qui se reflète largement dans les réglementations et pratiques relatives aux relations du travail des Adhérents aux *Principes directeurs*, même si les solutions adoptées pour ménager la possibilité d'une coopération constructive ne sont pas identiques dans tous les pays considérés. Comme l'indique également ce paragraphe, il conviendrait, compte tenu des circonstances particulières dans chaque cas, que la direction en avertisse les intéressés avant que la décision définitive soit prise. De fait, un tel préavis avant la décision finale est prévu dans les réglementations et pratiques relatives aux relations du travail d'un certain nombre d'Adhérents aux *Principes directeurs*. Mais ce n'est pas le seul moyen de ménager la possibilité d'une coopération constructive pour atténuer les effets de ce type de décisions, et les lois et pratiques d'autres pays souscrivant aux *Principes directeurs* prévoient d'autres moyens en fixant notamment un délai au cours duquel des consultations doivent avoir lieu avant qu'une décision puisse être mise en œuvre.

VI. Environnement

Les entreprises jouent un rôle fondamental dans la mise en place d'économies durables et peuvent contribuer à la mise en œuvre d'une réponse efficace et progressive aux défis environnementaux qui se posent à l'échelle mondiale, régionale et locale, y compris face à la menace urgente du changement climatique. Dans le cadre des lois, règlements et pratiques administratives en vigueur dans les pays où elles opèrent, et eu égard aux accords, principes, objectifs et normes internationaux pertinents, les entreprises devraient mener leurs activités en tenant dûment compte de la nécessité de protéger l'environnement et, de cette façon, les travailleurs, les communautés et la société en général, en évitant les impacts négatifs sur l'environnement et en les traitant, ainsi qu'en contribuant à l'objectif plus large de développement durable. Les entreprises peuvent être impliquées dans toute une série d'impacts négatifs sur l'environnement, parmi lesquels :

a) le changement climatique ;

b) la perte de biodiversité ;

c) la dégradation des écosystèmes terrestres, marins et d'eau douce ;

d) la déforestation ;

e) la pollution de l'air, de l'eau et des sols ;

f) la mauvaise gestion des déchets, y compris des substances dangereuses.

Les importantes différences qui existent entre les impacts environnementaux sont soulignées dans le commentaire sur ce chapitre, y compris en ce qui concerne le changement climatique et comment la relation d'une entreprise à ces impacts devrait être prise en considération eu égard aux cadres pertinents.

En particulier, les entreprises devraient :

1. Mettre en place et appliquer un système de gestion environnementale adéquat pour l'entreprise associé à ses activités, produits et services pour leur cycle de vie complet, notamment en exerçant le devoir de diligence fondé sur les risques, tel que décrit dans le chapitre II, pour les impacts négatifs sur l'environnement, y compris en :

   a) identifiant et évaluant les impacts négatifs sur l'environnement associés aux activités, produits ou services d'une entreprise, notamment en procédant à la collecte et à l'évaluation d'informations adéquates et à jour sur les impacts négatifs liés à leurs activités, produits et services ; et, lorsque les activités risquent d'avoir des impacts importants sur l'environnement, en réalisant une étude d'impact environnemental appropriée ;

   b) définissant et mettant en œuvre des objectifs, des cibles spécifiques, ainsi que des stratégies mesurables pour traiter les impacts négatifs sur l'environnement liés à leurs activités, produits et services et améliorer leur performance environnementale. Les cibles spécifiques devraient avoir un fondement scientifique, être cohérentes avec les politiques publiques nationales, ainsi que les engagements et buts internationaux pertinents, et s'inspirer des meilleures pratiques ;

c) vérifiant régulièrement l'efficacité des stratégies et en suivant les progrès réalisés dans la poursuite des objectifs et des cibles spécifiques en matière d'environnement ; et en examinant de façon périodique la pertinence des objectifs, cibles spécifiques, et stratégies ;

d) fournissant au public, aux travailleurs et autres parties prenantes concernées des informations adéquates, mesurables, vérifiables (le cas échéant) et à jour sur les impacts environnementaux liés à leurs activités, produits et services, et ce à partir des meilleures informations disponibles, ainsi que sur les progrès réalisés dans la réalisation des objectifs et cibles spécifiques décrits au paragraphe 1.b ;

e) réparant par ses propres moyens ou en coopération avec d'autres acteurs, selon les cas, les impacts négatifs sur l'environnement dont elle est la cause ou auxquels elle a contribué, et en utilisant son influence auprès d'autres entités ayant causé des impacts négatifs sur l'environnement ou y ayant contribué pour qu'elles les réparent.

2. Mettre en place des échanges constructifs avec les parties prenantes concernées affectées par les impacts négatifs sur l'environnement liés à leurs activités, produits ou services.

3. En accord avec les connaissances scientifiques et techniques des risques, en cas de menaces de dommages graves ou irréversibles pour l'environnement, compte tenu également de la santé humaine et de la sécurité, ne pas invoquer l'absence de certitude ou de voies scientifiques absolues pour remettre à plus tard l'adoption de mesures efficaces par rapport aux coûts visant à prévenir ou minimiser ces dommages.

4. Établir des plans d'urgence visant à prévenir, atténuer et contrôler les dommages graves pour l'environnement et la santé résultant de leurs activités, y compris du fait d'accidents et de situations d'urgence, et mettre en place des mécanismes d'alerte immédiate des autorités compétentes.

5. S'efforcer d'améliorer de façon continue la performance environnementale au niveau de l'entreprise et, le cas échéant, celle des entités avec lesquelles elles entretiennent une relation d'affaires, notamment en :

a) adoptant des technologies, si possible parmi les meilleures disponibles, pour améliorer leur performance environnementale ;

b) développant et fournissant des produits ou services dépourvus d'impacts indus sur l'environnement ; dont l'utilisation aux fins prévues est sans danger ; qui sont durables, réparables et qui peuvent être réutilisés, recyclés ou éliminés en toute sécurité ; et qui sont produits d'une façon respectueuse de l'environnement consistant à utiliser les ressources naturelles de façon durable et à minimiser autant que possible l'utilisation d'énergie et de matières, ainsi que la génération de pollution, d'émissions de gaz à effet de serre et de déchets, en particulier de déchets dangereux.

c) augmentant la prise de conscience de leur clientèle quant aux implications environnementales de l'utilisation de leurs produits et services, y compris en fournissant des informations pertinentes et exactes sur leurs impacts environnementaux (par exemple sur les émissions de gaz à effet de serre, les impacts sur la biodiversité, l'utilisation efficiente des ressources, la réparabilité et recyclabilité ou d'autres aspects environnementaux).

6. Fournir aux travailleurs un enseignement et une formation appropriés sur les questions environnementales, de santé et de sécurité, notamment en ce qui concerne la gestion des matières et déchets dangereux et non dangereux, ainsi que sur la prévention des accidents affectant l'environnement, ou encore sur des aspects plus généraux de la gestion environnementale, tels que les procédures d'évaluation d'impact environnemental, les relations publiques et les technologies environnementales. Apporter leur soutien en matière de gestion environnementale, y compris par le renforcement des capacités, à leurs fournisseurs et autres relations d'affaires, en

particulier les petites et moyennes entreprises et les petits exploitants, lorsque cela est approprié et faisable.

7. Contribuer au développement de politiques publiques respectueuses de l'environnement et efficaces d'un point de vue économique au moyen, par exemple, de partenariats ou d'initiatives visant à améliorer la sensibilisation et la protection environnementales.

Commentaire sur le Chapitre VI : Environnement

66. La réalisation des objectifs environnementaux demande d'agir à l'échelle de la société. Les *Principes directeurs* exposent les attentes quant à la manière dont les entreprises devraient éviter et remédier aux impacts négatifs sur l'environnement, et contribuer à la réalisation des objectifs d'atténuation du changement climatique et d'adaptation à ses effets ; ainsi que de préservation, restauration et utilisation durable de la diversité biologique ; d'utilisation durable, rationnelle et licite des terres, des ressources et de l'énergie ; de consommation et de production durables, notamment via la promotion d'initiatives d'économie circulaire ; et de prévention, réduction et contrôle de la pollution. Les engagements internationaux, les accords multilatéraux et les autres cadres réglementaires constituent des références importantes pour comprendre les problématiques et attentes en matière environnementale. Certains accords internationaux reflètent les objectifs communs des gouvernements sans forcément définir précisément les responsabilités des entreprises individuelles quant à ces objectifs. Dans ces cas, les cadres réglementaires applicables, les politiques publiques nationales, les normes et mesures de protection largement reconnues en matière de gestion environnementale, ainsi que les données scientifiques, constituent des références importantes. Le texte du chapitre sur l'environnement reflète largement les principes et objectifs énoncés dans la Déclaration de Rio sur l'environnement et le développement, dans l'Agenda 21 (qui fait partie de la Déclaration de Rio), ainsi que dans le Programme de développement durable à l'horizon 2030 défini par l'ONU. Il est également conforme à la Convention-cadre des Nations Unies sur les changements climatiques (CCNUCC), l'Accord de Paris, la Convention sur la diversité biologique, le Cadre mondial de la biodiversité de Kunming à Montréal, les conventions régionales pertinentes sur l'accès à l'information, la participation du public et l'accès à la justice en matière environnementale, la Convention des Nations Unies sur la lutte contre la désertification, ainsi que les accords environnementaux régionaux pertinents, et reflète les standards contenus dans des instruments comme la norme ISO sur les systèmes de management environnemental, les Normes de performance en matière de durabilité environnementale et sociale de la Société financière internationale et l'Approche stratégique de la gestion internationale des produits chimiques (SAICM).

67. Dans le contexte des *Principes directeurs*, l'expression « gestion environnementale » devrait être interprétée dans son acceptation la plus large, c'est-à-dire comme comprenant les activités qui visent à cerner les impacts et risques environnementaux, à éviter et remédier aux impacts négatifs sur l'environnement liés aux activités, produits et services d'une entreprise, en tenant compte de la part des impacts cumulatifs imputables à l'entreprise, ainsi qu'à améliorer de façon continue la performance environnementale d'une entreprise. La gestion environnementale suppose également d'exercer le devoir de diligence fondé sur les risques à l'égard des impacts négatifs sur l'environnement. Conformément au chapitre II, la nature et l'étendue de l'exercice du devoir de diligence en matière environnementale dépendront de la situation de chaque entreprise. Il pourra être entravé par l'absence de données environnementales ou de technologies. L'exercice du devoir de diligence impliquera aussi de définir les priorités en fonction des risques. Il dépendra également de la façon dont les impacts environnementaux associés avec les activités, produits ou services de l'entreprise sont raisonnablement prévisibles. La gestion environnementale est un volet essentiel du développement durable, et peut impliquer de concilier un large éventail de priorités, y compris celles énoncées dans les priorités nationales et les objectifs de développement durable. La gestion environnementale est à la fois une responsabilité et une opportunité pour les entreprises. Les entreprises multinationales ont un rôle à jouer sur ces deux plans. Les dirigeants

de ces entreprises devraient donc prêter l'attention qui s'impose aux problèmes environnementaux dans leurs stratégies d'entreprise. L'amélioration de la performance environnementale nécessite un engagement envers une approche systématique et une amélioration continue du système. Un système de gestion environnementale offre le cadre interne nécessaire pour intégrer les considérations environnementales dans les activités des entreprises. La mise en place d'un tel système devrait aider à assurer aux actionnaires, travailleurs, communautés et autres parties prenantes concernées que l'entreprise travaille de façon active à protéger l'environnement de l'impact négatif de ses activités.

68. Le chapeau du présent chapitre contient une liste non exhaustive des impacts négatifs sur l'environnement qui peuvent être liés aux activités des entreprises. Un certain nombre d'activités des entreprises peuvent impliquer des impacts négatifs sur l'environnement. On entend par impacts négatifs sur l'environnement des changements significatifs de l'environnement ou des biotes qui ont des effets dommageables sur la composition, la résilience, la productivité ou la capacité d'accueil des écosystèmes naturels et gérés, ou sur le fonctionnement des systèmes socio-économiques, ou sur les individus. Les impacts négatifs sur l'environnement devraient être évalués sur la base des meilleures connaissances scientifiques disponibles. En vertu des *Principes directeurs*, tel qu'indiqué au chapitre II, une entreprise « cause » un impact négatif sur l'environnement dès lors que ses activités suffisent à elles seules à l'entraîner. Une entreprise « contribue à » un impact négatif sur l'environnement si ses activités, en combinaison avec les activités d'autres entités, causent l'impact, ou si ses activités causent, facilitent ou encouragent le fait qu'une autre entité cause un impact négatif. Les impacts négatifs sur l'environnement peuvent également être directement liés aux activités, produits ou services d'une entreprise par le biais d'une relation d'affaires, même s'ils ne contribuent pas à ces impacts.

69. Les impacts environnementaux peuvent être collectifs et interconnectés, ou bien isolés. Ils peuvent aussi être localisés ou transfrontaliers par nature. Si certains impacts environnementaux sont bien compris, l'étendue, la nature et la cause d'autres impacts peuvent être moins bien comprises, en évolution, voire inconnues. Par conséquent, alors que dans certains cas il sera possible d'évaluer, sur la base des connaissances scientifiques et des informations disponibles, dans quelle mesure une entreprise contribue à un impact négatif sur l'environnement, dans d'autres cas cette évaluation peut s'avérer difficile. Pour les cas où cela serait difficile, dans le cadre des *Principes directeurs*, l'évaluation de la contribution d'une entreprise à des impacts négatifs devrait prendre en compte la mesure dans laquelle ses activités sont conformes aux standards, procédures de gestion environnementale et mesures de protection en matière de bonnes pratiques environnementales largement reconnus, ainsi qu'aux références et normes définies dans les règles et cadres réglementaires environnementaux applicables, et dans les accords internationaux pertinents.

70. Les impacts négatifs sur l'environnement sont souvent étroitement liés à d'autres sujets abordés par les *Principes directeurs*, tels que la santé et la sécurité, les impacts sur les travailleurs et les communautés, l'accès aux moyens de subsistance ou les droits fonciers. En outre, l'exercice du devoir de diligence en matière environnementale et la gestion des impacts négatifs sur l'environnement impliqueront souvent de prendre en considération plusieurs priorités environnementales, sociales et de développement. Le préambule de l'Accord de Paris prend notamment en compte les impératifs de la transition juste, de la main d'œuvre, et de la création d'emplois décents et de qualité conformément aux priorités de développement définies au niveau national, et reconnaît que, lorsqu'elles prennent des mesures face aux changements climatiques, les Parties devraient respecter, promouvoir et prendre en considération leurs obligations respectives. À cet égard, il est important que les entreprises évaluent et traitent les impacts sociaux dans le cadre des activités qu'elles mettent en œuvre pour la gestion environnementale et l'exercice du devoir de diligence et qu'elles prennent des mesures pour prévenir et atténuer ces impacts tant lors de l'abandon de pratiques dommageables pour l'environnement, que lors de la transition vers des secteurs industriels ou des pratiques plus vertes, telles que l'utilisation d'énergies renouvelables. Il importera à cet effet de respecter les droits des travailleurs, notamment d'engager un dialogue social et des négociations collectives, tel qu'exposé dans le chapitre V, de mettre en place des échanges

constructifs avec les parties prenantes concernées et, le cas échéant, de procéder à un désengagement responsable, tel qu'exposé dans le chapitre II.

71. Outre l'amélioration de la performance environnementale, la mise en place d'un système de gestion environnementale peut présenter des avantages économiques pour les entreprises grâce à des coûts réduits d'exploitation et d'assurance, une meilleure conservation de l'énergie et des ressources, des coûts plus faibles de conformité et de responsabilité, une durabilité et résilience accrues, un accès plus facile au capital et aux compétences, une plus grande satisfaction de la clientèle, et de meilleures relations avec les communautés et le public.

72. La communication au sujet des impacts environnementaux liés aux activités, produits et services d'une entreprise, ainsi que les échanges constructifs avec les parties prenantes, font partie du devoir de diligence et peuvent également être requis par la loi. Les standards en matière de publication d'information, telles que la Global Reporting Initiative, et d'autres standards en matière de publication d'information environnementale constituent des références utiles. Voir également le chapitre III sur la publication d'information. Il est particulièrement important de mener ces échanges constructifs et ces activités de communication auprès des parties prenantes, telles que les salariés, les clients, les investisseurs, les fournisseurs, les contractants, les communautés locales, les individus ou les groupes en situation de vulnérabilité ou de marginalisation, les personnes jouissant de droits spéciaux ou de droits fonciers légitimes, et les Peuples Autochtones, ainsi que le public en général, lorsqu'ils sont affectés par ces impacts négatifs ou susceptibles de l'être, et lorsque des biens environnementaux rares ou à risque sont en jeu, que ce soit dans un contexte régional, national ou international.

73. Les entreprises sont encouragées à adopter des modes de consommation et de production durables, notamment à travers l'utilisation efficiente des ressources, l'économie circulaire et d'autres modèles. Par ces pratiques, les entreprises peuvent réduire de manière significative leurs impacts négatifs sur l'environnement. L'utilisation efficiente des ressources promeut un usage plus efficient et efficace des ressources et matières, notamment via l'approvisionnement en matières premières respectueux de l'environnement. En outre, les démarches d'économie circulaire font partie des moyens disponibles pour parvenir au développement durable, lorsque cela est approprié en fonction des priorités et situations nationales. L'économie circulaire est un modèle dans lequel les produits et matières sont conçus de manière à pouvoir être réutilisés, réparés, reconditionnés, recyclés ou récupérés et ainsi, maintenus dans l'économie le plus longtemps possible, de même que les ressources qui les composent, et dans lequel la production de déchets, en particulier de déchets dangereux, est évitée ou réduite au minimum, et où les émissions de gaz à effet de serre sont contrôlées et réduites.

74. La prémisse de base des *Principes directeurs* est que les entreprises devraient prendre des mesures le plus tôt possible, et de façon proactive, pour éviter les impacts négatifs sur l'environnement.

75. Les *Principes directeurs* ne visent pas à réinterpréter les instruments existants ni à créer, pour les gouvernements, de nouveaux engagements ou précédents. Ils visent uniquement à recommander comment mettre en œuvre le principe de précaution au niveau des entreprises. Il est reconnu que l'application de ce principe nécessite une certaine flexibilité en fonction du contexte spécifique dans lequel elle intervient. Il est également admis que les gouvernements déterminent le cadre de base dans ce domaine compte tenu de leurs capacités, et qu'il leur incombe de consulter périodiquement les parties prenantes sur la meilleure façon d'avancer, tout en garantissant la transparence et une approche scientifiquement fondée.

76. Les entreprises ont un rôle important à jouer en contribuant au progrès vers la neutralité carbone et une économie résiliente au changement climatique, nécessaires pour concrétiser les objectifs d'atténuation et d'adaptation au changement climatique adoptés à l'échelle internationale. Lors du processus de transition vers la neutralité carbone, de nombreuses activités des entreprises s'accompagneront, dans une certaine mesure, d'émissions de gaz à effet de serre ou d'atteintes aux puits de carbone. Les entreprises devraient veiller à ce que leurs émissions de gaz à effet de serre et leur impact

sur les puits de carbone soient conformes aux objectifs de température planétaire adoptés à l'échelle internationale sur la base des meilleures données scientifiques disponibles, notamment telles qu'évaluées par le Groupe d'experts intergouvernemental sur l'évolution du climat (GIEC).

77. Ceci implique d'introduire et de mettre en œuvre des politiques, stratégies et plans de transition relatifs à l'atténuation et l'adaptation au changement climatique fondés sur la science, mais aussi d'adopter et de mettre en œuvre des objectifs spécifiques d'atténuation du changement climatique sur le court, moyen et long terme et d'en assurer le suivi et en rendre compte. Ces objectifs devraient être scientifiquement fondés, inclure des réductions absolues et, s'il y a lieu, des réductions des GES basées sur le niveau d'intensité, et prendre en considération les émissions de GES des scopes 1 et 2 et, dans la mesure du possible, sur la base des meilleures informations disponibles, du scope 3. Il sera important de rendre compte de l'évolution de la situation par rapport à ces objectifs, d'en vérifier le caractère approprié et l'utilité et de les actualiser régulièrement sur la base des meilleures données scientifiques disponibles et en fonction de l'élaboration et de l'actualisation des trajectoires de transition nationale ou sectorielle. Les entreprises devraient prioriser l'élimination ou la réduction des sources d'émission sur les mesures de compensation ou neutralisation. Les crédits carbones ou les dispositifs de compensation carbone ne peuvent être considérés comme un moyen de traiter les émissions persistantes qu'en dernier recours. Les crédits carbone ou dispositifs de compensation carbone devraient bénéficier d'un haut niveau d'intégrité environnementale, ne devraient pas faire perdre de vue la nécessité de réduire les émissions, et ne devraient pas contribuer à pérenniser des procédés et infrastructures fortement émetteurs. Les entreprises devraient rendre compte publiquement de tout recours à des crédits carbone ou dispositifs de compensation carbone et de leurs caractéristiques pertinentes. Ces publications devraient être séparées et complémentaires de celles relatives aux réductions d'émission.

78. L'utilisation de l'influence auprès des fournisseurs et des autres relations d'affaires, ainsi que la fourniture de solutions technologiques à des conditions mutuellement acceptables, l'assistance technique et l'octroi de financements pour soutenir leurs efforts d'atténuation et d'adaptation au changement climatique, sera cruciale pour atteindre les objectifs et remédier aux impacts.

79. Le progrès vers la résilience climatique et l'adaptation au changement climatique sont des éléments fondamentaux de la réponse mondiale au changement climatique sur le long terme pour protéger les populations et les écosystèmes qui demandent la mobilisation et le soutien de tous les segments de la société. Les entreprises devraient éviter les activités qui minent l'adaptation au changement climatique des communautés, des travailleurs et des écosystèmes, et leur résilience climatique.

80. La préservation de la diversité biologique ainsi que la gestion et l'exploitation durable des ressources naturelles et des écosystèmes, comprenant, par exemple, les forêts, les océans, les tourbières, et les zones humides, sont très importantes pour la santé et la vie humaines, pour la survie des espèces, ainsi que pour l'atténuation et l'adaptation au changement climatique. Les entreprises devraient contribuer à la préservation de la diversité biologique, à l'exploitation durable de ses composantes ainsi qu'au partage juste et équitable des profits dérivant de l'utilisation des ressources génétiques. Les entreprises devraient également éviter et traiter la dégradation des sols, du milieu marin et des ressources en eau douce, y compris la déforestation, conformément aux Objectifs de développement durable définis par l'ONU, en particulier l'Objectif 15.2, ainsi qu'au Plan stratégique des Nations Unies sur les forêts pour 2017-2030 et à la Déclaration sur les forêts et l'utilisation des terres adoptée par les dirigeants réunis à Glasgow en 2021 qui vise à enrayer et inverser le recul des forêts et la dégradation des sols à l'horizon 2030. Les efforts en ce sens devraient inclure l'exercice renforcé du devoir de diligence quant aux impacts négatifs potentiels sur la biodiversité dans les parcs nationaux, les réserves et autres zones protégées, notamment les sites classés au patrimoine mondial naturel de l'UNESCO, les zones protégées en vertu de la Convention sur la diversité biologique et selon le droit interne, ainsi que sur les espèces protégées. Le cas échéant, et en fonction de leurs capacités propres et des dispositions du droit interne en vigueur là où elles opèrent, les entreprises devraient également contribuer à la gestion durable des terres et des forêts, notamment à leur remise en état, au boisement et au reboisement, ainsi qu'à la réduction de la dégradation

des sols, du milieu marin et des ressources en eau douce. Les efforts déployés par les entreprises pour prévenir ou atténuer les impacts négatifs sur la biodiversité devraient être guidés par la hiérarchie des mesures d'atténuation qui, en matière de biodiversité, préconise en premier lieu d'éviter les atteintes ou, si cela n'est pas possible, de les réduire ou de les limiter au maximum, et de ne recourir aux mesures de compensation ou de restauration qu'en dernier ressort pour les impacts négatifs qui ne peuvent être évités.

81. Les impacts négatifs sur l'environnement, en particulier ceux qui concernent la biodiversité ainsi que la dégradation des sols, du milieu marin et des ressources en eau douce, peuvent être liés à des questions relatives à la gouvernance responsable en matière d'administration des terres, des forêts et des pêcheries. Comme indiqué dans les Directives volontaires pour une gouvernance responsable des régimes fonciers applicables aux terres, aux pêches et aux forêts dans le contexte de la sécurité alimentaire nationale (les Directives volontaires), la gouvernance responsable des régimes fonciers, des forêts et des pêcheries peut jouer un rôle et contribuer à l'utilisation durable de l'environnement. Dans ce contexte, les Directives volontaires préconisent la réalisation d'investissements qui ne causent pas de dommage et la mise en place de garde-fous contre la dépossession des titulaires légitimes de droits fonciers et les atteintes à l'environnement.

82. Les *Principes directeurs* encouragent également les entreprises à s'efforcer d'améliorer le niveau de performance environnementale de tous les composants de leurs opérations, même dans les cas où cela ne serait pas formellement requis par la pratique existante dans les pays dans lesquels elles opèrent. À cet égard, les entreprises devraient prendre dûment en compte leur impact social et économique sur les pays en développement.

83. Par exemple, les entreprises multinationales ont souvent accès à des technologies existantes et innovantes ou à des procédures opérationnelles qui pourraient, si elles étaient utilisées, contribuer à améliorer la performance environnementale de façon générale. Les entreprises multinationales sont fréquemment considérées comme des chefs de file dans leur secteur, et le potentiel effet d'émulation qu'elles peuvent avoir sur d'autres entreprises ne devrait pas être sous-estimé. Faire en sorte que l'environnement des pays dans lesquels les entreprises multinationales opèrent bénéficie également des technologies et des pratiques disponibles et innovantes est un moyen important de soutenir les activités d'investissement international sur un plan plus général.

84. Les entreprises ont un rôle crucial à jouer dans la formation et l'éducation de leurs salariés et des autres parties prenantes sur les questions de gestion environnementale. Elles sont encouragées à s'acquitter de cette responsabilité de la façon la plus large possible, particulièrement dans les domaines touchant directement à la santé humaine et la sécurité. Les entreprises devraient également communiquer à leurs relations d'affaires leurs politiques, critères et standards environnementaux de façon claire et accessible.

85. Les entreprises devraient respecter les normes en matière de bien-être animal qui sont en conformité avec le Code terrestre de l'Organisation mondiale de la santé animale (OMSA). Un animal est considéré comme étant dans une situation de bien être s'il est en bonne santé, s'il bénéficie d'un confort suffisant, s'il est bien nourri et en sécurité, et ne fait pas face à une situation désagréable telle que la douleur, la peur ou la détresse, et s'il peut adopter les comportements essentiels pour son état physique et mental. Le bien-être animal requiert la prévention des maladies et des soins vétérinaires, un abri, un élevage et une alimentation appropriés, un environnement stimulant et sûr, ainsi que la manipulation, l'abattage ou la mise à mort dans des conditions décentes. Les entreprises devraient par ailleurs adhérer aux recommandations en matière de transport d'animaux vivants développées par les organisations internationales compétentes.

VII. Lutte contre la corruption sous toutes ses formes

Les impacts négatifs sur les sujets couverts par les *Principes directeurs* sont souvent rendus possibles par le biais de la corruption. Dès lors, la mise en œuvre de mesures efficaces de lutte contre la corruption par les entreprises contribue de façon importante à éviter d'autres impacts négatifs visés par les *Principes directeurs*. Les entreprises ne devraient prendre part à aucun acte de corruption d'agents publics étrangers ou à d'autres formes de corruption.

En particulier, les entreprises :

1. Ne devraient prendre part à aucun acte de corruption, que ce soit en proposant, promettant ou en octroyant un avantage indu, pécuniaire ou autre, à des agents publics ou aux salariés de personnes ou d'entités avec lesquels elles entretiennent une relation d'affaires, ou aux membres de leurs familles ou à leurs associés. De la même façon, les entreprises ne devraient pas demander, convenir de recevoir, ou accepter tout avantage indu, pécuniaire ou autre, de la part d'agents publics ou de salariés de personnes ou d'entités avec lesquelles elles entretiennent une relation d'affaires. Les entreprises ne devraient pas avoir recours à des tiers ou autres intermédiaires, tels que, entre autres, des agents, des consultants, des représentants, des distributeurs, des consortiums, des contractants et des fournisseurs ou des associés dans des entreprises communes pour faire parvenir des avantages indus, pécuniaires ou autres, à des agents publics ou à des salariés de personnes ou d'entités avec lesquelles elles entretiennent une relation d'affaires, aux membres de leurs familles ou à leurs associés.
2. Devraient développer et adopter des mécanismes de contrôle interne, ainsi que des programmes ou des mesures de déontologie et de conformité, visant à prévenir, détecter et traiter de façon adéquate la corruption d'agents publics étrangers et les autres formes de corruption, et élaborés à partir d'une évaluation fondée sur les risques, prenant en compte les circonstances individuelles propres à chaque entreprise, en particulier les facteurs de risques de l'entreprise liés à la corruption d'agents publics étrangers et toutes autres formes de corruption (comprenant, entre autres, son implantation géographique et son secteur d'activité, d'autres problématiques de conduite responsable des entreprises, l'environnement réglementaire, la nature des relations d'affaires, les transactions avec des gouvernements étrangers ou le recours à des tiers). Ces mécanismes de contrôle interne et programmes ou mesures de déontologie et de conformité devraient comprendre un ensemble de procédures financières et comptables, en particulier un système de contrôles internes conçu de manière à assurer la tenue de livres comptables, de registres de conflits d'intérêts, ainsi que d'états financiers et de comptes sincères et exacts, de façon à garantir qu'ils ne pourront pas être utilisés dans le but de commettre ou de dissimuler des actes de corruption d'agents publics étrangers ou d'autres actes de corruption. Les circonstances individuelles et les risques spécifiques à l'entreprise devraient être régulièrement surveillés et réévalués si nécessaire pour déterminer la distribution des ressources consacrées à la conformité et garantir que les mécanismes de contrôle interne et les programmes ou mesures de déontologie et de conformité de l'entreprise sont bien adaptés et restent efficaces, ainsi que pour atténuer le risque qu'elle prenne part à des actes de corruption d'agents publics étrangers ou d'autres formes de corruption.

Ces mécanismes de contrôle interne et programmes ou mesures de déontologie et de conformité visant à prévenir et détecter toutes formes de corruption devraient également inclure l'exercice du devoir de diligence fondé sur les risques, tel que décrit dans le chapitre II.

3. Devraient interdire ou décourager, à travers leurs mécanismes de contrôle interne et leurs programmes ou mesures de déontologie et de conformité, le recours aux petits paiements dits « de facilitation », qui sont généralement illégaux dans les pays où ils sont effectués et, si de tels paiements existent, les comptabiliser précisément dans les livres comptables et états financiers.
4. Devraient s'assurer, en tenant compte des risques particuliers liés à la corruption d'agents publics étrangers et aux autres formes de corruption, d'exercer leur devoir de diligence, de façon correctement documentée, en ce qui concerne le recrutement, ainsi que la supervision régulière et appropriée, des agents, et que la rémunération de ces agents est adéquate et uniquement en lien avec des services légitimes. Le cas échéant, une liste actualisée des agents impliqués dans le cadre de transactions avec des organismes publics ou des entreprises publiques devrait être établie et tenue à la disposition des autorités compétentes, conformément aux exigences applicables en matière de publication d'informations. Les entreprises devraient prendre des mesures pour s'assurer que leurs agents s'abstiennent d'exercer une influence illicite et se conforment aux normes professionnelles dans leurs relations avec des agents publics.
5. Devraient améliorer la transparence de leurs activités de lutte contre la corruption d'agents publics étrangers et les autres formes de corruption, et promouvoir une culture d'intégrité. Les mesures en ce sens pourraient inclure : (i) un soutien et un engagement solides, explicites et visibles, de la part du conseil d'administration ou de l'organe dirigeant équivalent, ainsi que de la direction, envers les programmes de contrôle interne, de déontologie et de conformité ; (ii) une politique interne clairement formulée et visible interdisant la corruption d'agents publics étrangers et les autres formes de corruption, qui soit aisément accessible pour tous les salariés et tiers concernés, y compris, entre autres, les filiales étrangères, les agents et les autres intermédiaires ; et (iii) la publication d'informations concernant les systèmes de gestion, ainsi que les mécanismes de contrôle interne ou les programmes et mesures de déontologie et de conformité adoptés par les entreprises afin de respecter ces engagements. Les entreprises devraient également encourager l'ouverture et le dialogue avec le public afin de promouvoir sa connaissance de, et sa coopération dans, la lutte contre la corruption d'agents publics étrangers et les autres formes de corruption. Les entreprises sont encouragées à divulguer, sans préjudice des législations et obligations nationales, toute conduite illicite liée à la corruption d'agents publics étrangers et à d'autres formes de corruption, ainsi que les mesures mises en œuvre pour traiter les cas de soupçons de corruption d'agents publics étrangers et autres formes de corruption. Ces mesures peuvent inclure, entre autres, des procédures pour identifier, enquêter et rendre compte des actes illicites, ainsi qu'une implication sincère et proactive aux côtés des autorités chargées de l'application de la loi.
6. Devraient promouvoir la connaissance et le respect de leurs politiques, mécanismes de contrôle interne, et programmes ou mesures de déontologie et de conformité, contre la corruption d'agents publics étranger et les autres formes de corruption auprès de leurs salariés et des personnes ou entités avec lesquelles elles entretiennent une relation d'affaires via la diffusion appropriée de ces politiques, programmes ou mesures et en mettant en place des programmes de formation et des procédures disciplinaires qui tiennent compte, le cas échéant, des obstacles linguistiques, culturels et technologiques.
7. Ne devraient verser aucune contribution illégale à des candidats à un mandat public, ou à des partis politiques ou à d'autres organisations associées à des partis ou des candidats politiques. Les contributions politiques devraient se conformer entièrement aux lois nationales, y compris aux exigences en matière de publication d'informations, et devraient requérir l'approbation de la direction de l'entreprise. Ceci implique également de ne pas obliger les travailleurs à soutenir un candidat politique ou une organisation politique.

Commentaire sur le Chapitre VII : Lutte contre la corruption sous toutes ses formes

86. L'expression corruption d'agents publics étrangers et autres formes de corruption devrait être interprétée conformément aux instruments mentionnés ci-dessous. La corruption inclut la corruption d'agents publics ou de salariés de personnes ou d'entités liées dans le cadre d'une relation d'affaires. Elle peut également comprendre le trafic d'influence, le détournement de fonds, et le détournement de parrainages et de dons à des organismes caritatifs. Les entreprises ne devraient pas, par exemple, directement ou indirectement, offrir, promettre, accorder ou exiger des pots-de-vin, ou d'autres avantages indus, en vue d'obtenir ou de conserver un marché ou un autre avantage illégitime. Les entreprises devraient également repousser toute sollicitation de pots-de-vin et autres formes d'extorsion. Bien que les conflits d'intérêts ne constituent pas ipso facto de la corruption, il est de plus en plus reconnu que les conflits entre les intérêts privés et les fonctions officielles des agents publics peuvent potentiellement donner lieu à des actes de corruption s'ils ne sont pas gérés de manière adéquate. *La Convention de l'OCDE sur la lutte contre la corruption d'agents publics étrangers dans les transactions commerciales internationales* (la « *Convention de l'OCDE sur la lutte contre la corruption* ») est entrée en vigueur le 15 février 1999. La *Convention de l'OCDE sur la lutte contre la corruption*, avec la *Recommandation visant à renforcer la lutte contre la corruption d'agents publics étrangers dans les transactions commerciales internationales [OECD/LEGAL/0378]* (la « *Recommandation de l'OCDE visant à renforcer la lutte contre la corruption* »), la *Recommandation sur les mesures fiscales visant à renforcer la lutte contre la corruption d'agents publics étrangers dans les transactions commerciales internationales [OECD/LEGAL/0371]*, la *Recommandation sur la corruption et les crédits à l'exportation bénéficiant d'un soutien public [OECD/LEGAL/0447]*, et la *Recommandation à l'intention des acteurs de la coopération pour le développement sur la gestion du risque de corruption [OECD/LEGAL/0431]* sont les principaux instruments de l'OCDE qui traite de la corruption d'agents publics étrangers du côté de l'offre. Collectivement, ces instruments ont pour but d'éliminer l'« offre » de pots-de-vin à des agents publics étrangers, chaque pays étant responsable des activités de ses entreprises et des actes commis sur son territoire[2]. Un dispositif de suivi rigoureux et systématique de la mise en œuvre, par les pays, de la *Convention de l'OCDE sur la lutte contre la corruption* et des instruments connexes a été développé afin de favoriser leur pleine application. D'autres actes de corruption et risques en matière d'intégrité sont également abordés dans la *Recommandation sur l'intégrité publique [OECD/LEGAL/0435]*, la *Recommandation sur les Principes pour la transparence et l'intégrité des activités de lobbying [OECD/LEGAL/0379]*, la *Recommandation sur les lignes directrices pour la gestion des conflits d'intérêts dans le service public [OECD/LEGAL/0316]*, la *Recommandation relative aux Lignes directrices sur l'intégrité et la lutte contre la corruption dans les entreprises publiques [OECD/LEGAL/0451]*.

[2] Dans la Convention de l'OCDE sur la lutte contre la corruption, l'infraction de corruption d'agents publics étrangers est définie comme le fait « d'offrir, de promettre ou d'octroyer un avantage indu pécuniaire ou autre, directement ou par des intermédiaires, à un agent public étranger, à son profit ou au profit d'un tiers, pour que cet agent agisse ou s'abstienne d'agir dans l'exécution de fonctions officielles, en vue d'obtenir ou conserver un marché ou un autre avantage indu dans le commerce international ». Dans les Commentaires relatifs à la Convention de l'OCDE sur la lutte contre la corruption, il est précisé (au paragraphe 9) que «les petits paiements dits de «facilitation» ne constituent pas des paiements «en vue d'obtenir ou de conserver un marché ou un autre avantage indu» au sens du paragraphe 1 et, en conséquence, ils ne constituent pas une infraction au sens de cette disposition. De tels paiements, qui sont faits, dans certains pays, pour inciter les agents publics à exécuter leurs fonctions, notamment lorsqu'il s'agit de délivrer une autorisation ou un permis, sont généralement illicites dans le pays étranger concerné. Les autres pays peuvent et devraient s'attaquer à ce phénomène corrosif par des mesures telles que le soutien de programmes de bonne gestion des affaires publiques.» La Recommandation de l'OCDE visant à renforcer la lutte contre la corruption (section XIV.i) recommande que les gouvernements «s'engagent à réexaminer régulièrement leurs politiques et leur façon d'appréhender les petits paiements de facilitation afin de lutter efficacement contre ce phénomène».

87. La corruption nuit aux institutions démocratiques et à la gouvernance d'entreprise. Elle décourage l'investissement et fausse les conditions de la compétitivité internationale. Au-delà des répercussions économiques, la corruption peut avoir des effets nuisibles, allant de la fragilisation de la stabilité mondiale, au manque d'application des normes environnementales et des droits du travail, en passant par la fourniture de biens de moindre qualité, entre autres. En particulier, les détournements de fonds dus aux pratiques de corruption minent les efforts des citoyens pour améliorer leur bien-être économique, social et environnemental. La corruption touche de façon disproportionnée ceux qui appartiennent à des groupes ou populations marginalisés ou vulnérables, et peut accentuer les inégalités de genre. Les entreprises ont un rôle majeur à jouer dans la lutte contre de telles pratiques en prenant en compte les formes de discrimination structurelle relatives, entre autres facteurs, à l'origine ethnique, la race, le genre et l'orientation sexuelle qui se chevauchent, lors de l'élaboration de mécanismes de contrôle et de programmes de déontologie et de conformité.

88. La rectitude, l'intégrité et la transparence dans le domaine public comme dans le domaine privé sont des concepts clés de la lutte contre la corruption d'agents publics étrangers et les autres formes de corruption. La communauté des affaires, les organisations non gouvernementales, les gouvernements et les organisations intergouvernementales devraient tous coopérer pour renforcer le soutien du public envers les mesures de lutte contre la corruption et pour améliorer la transparence et la sensibilisation du public aux problèmes soulevés par la corruption et la corruption d'agents publics étrangers. L'adoption de pratiques adéquates de gouvernance d'entreprise constitue également un volet essentiel dans la promotion d'une culture de l'éthique au sein des entreprises.

89. La *Recommandation visant à renforcer la lutte contre la corruption* recommande en particulier que les gouvernements encouragent leurs entreprises à développer et à adopter des mécanismes de contrôle interne et des programmes ou mesures de déontologie et de discipline adéquats dans le but de prévenir et de détecter les actes de corruption d'agents publics étrangers, en prenant en compte le *Guide de bonnes pratiques pour les contrôles internes, la déontologie et la conformité* qui forme l'annexe II de la *Recommandation visant à renforcer la lutte contre la corruption*. Ce *Guide de bonnes pratiques*, qui s'adresse aussi bien aux entreprises, y compris les entreprises publiques, qu'aux organisations patronales et associations professionnelles, met en exergue les bonnes pratiques permettant de garantir l'efficacité des mécanismes de contrôle interne, ainsi que des programmes et mesures de déontologie et de conformité, pour prévenir et détecter la corruption d'agents publics étrangers, y compris en ce qui concerne la protection des personnes auteurs de signalements. Il s'agit d'un guide flexible qui a vocation à être adapté par les entreprises, en particulier les petites et moyennes entreprises, en fonction de leurs circonstances individuelles, y compris leur taille, leur forme, leur structure juridique, leur implantation géographique et leur secteur d'activité, et selon les principes en matière de compétence et les autres principes juridiques fondamentaux en vertu desquels elles opèrent. Par ailleurs, dans le cadre des *Principes directeurs*, les mécanismes de contrôle interne et les programmes ou mesures de déontologie et de conformité liés à la corruption devraient également inclure l'exercice du devoir de diligence fondé sur les risques, conformément aux recommandations énoncées dans le chapitre II.

90. L'action collective et les échanges constructifs avec les organisations locales de la société civile au niveau local et international, ainsi que les organisations patronales, les associations professionnelles, et les organisations internationales peuvent aussi aider les entreprises à mieux concevoir et appliquer des politiques anti-corruption efficaces, et atténuer les risques de corruption qu'une entreprise seule ne peut atténuer individuellement.

91. La Convention des Nations Unies contre la corruption, qui est entrée en vigueur le 14 décembre 2005, contient un large éventail de normes, de mesures et de règles destinées à lutter contre la corruption. Les États parties à cette Convention doivent interdire à leurs agents publics de recevoir des pots-de-vin et à leurs entreprises de verser des pots-de-vin à des agents publics de leur pays, ainsi qu'à des agents publics étrangers ou à des agents appartenant à des organisations internationales publiques, et envisager par ailleurs de refuser la corruption entre acteurs du secteur privé. La *Convention des*

Nations Unies contre la corruption et la *Convention de l'OCDE sur la lutte contre la corruption* se renforcent mutuellement et sont complémentaires.

92. Pour traiter de l'angle de la « demande » de la corruption d'agents publics étrangers, les bonnes pratiques de gouvernance d'entreprise sont importantes en ce qu'elles évitent aux entreprises d'être confrontées à des sollicitations de pots-de-vin. Tant les pays d'origine que les pays d'accueil devraient aider les entreprises confrontées à des sollicitations de pots-de-vin ou à d'autres formes de corruption à sensibiliser et offrir des formations aux agents publics concernés, à envisager la promotion d'initiatives d'action collective avec les représentants des secteurs privé et public, ainsi qu'avec les organisations de la société civile et, le cas échéant, mettre en œuvre des actions coordonnées visant à lutter contre la sollicitation et l'acceptation de pots-de-vin. Le *Guide de bonnes pratiques sur la mise en œuvre de certains articles de la Convention* qui figure en annexe I de la *Recommandation visant à renforcer la lutte contre la corruption dispose que la Convention de l'OCDE sur la lutte contre la corruption* devrait être mise en œuvre de façon à ne pas prévoir de moyen de défense ou d'exception lorsque l'agent public étranger sollicite un pot-de-vin. Par ailleurs, la Convention des Nations Unies contre la corruption requiert que soit conféré le caractère d'infraction pénale à la sollicitation de pots-de-vin par des agents publics nationaux.

VIII. Intérêts des consommateurs

Dans leurs relations avec les consommateurs, les entreprises devraient adopter des pratiques loyales en matière commerciale, de marketing et de publicité et devraient prendre toutes les mesures raisonnables pour garantir la qualité et la fiabilité des biens ou des services qu'elles fournissent. En particulier, elles devraient :

1. Veiller à ce que les biens et les services qu'elles fournissent soient conformes à toutes les normes légalement exigées ou acceptées en matière de santé et sécurité des consommateurs, notamment celles concernant les mises en garde relatives à la santé et les informations sur la sécurité, et que ces biens et services ne causent pas de risques excessifs pour la santé et la sécurité des consommateurs dans des conditions prévisibles d'utilisation normale ou dans des conditions prévisibles d'utilisation inadéquate ou de mauvaise utilisation.
2. Donner des informations exactes, vérifiables et clairs qui soient suffisantes pour permettre aux consommateurs de prendre des décisions informées, notamment des informations sur les prix et, le cas échéant, le contenu, la sécurité d'utilisation, les caractéristiques environnementales, l'entretien, le stockage et l'élimination des biens et des services, ainsi que toute information pertinente requise par le commerce en ligne (telles que les informations relatives à la protection des données personnelles), et des informations sur les solutions de règlement des différends disponibles et les possibilités de réparation. Ces informations devraient être présentées sous une forme intelligible et facilement accessible, en langage clair, et en prêtant attention aux besoins d'accessibilité des consommateurs handicapés. Lorsque cela est possible, ces informations devraient être fournies d'une façon qui promeuve la capacité des consommateurs de comparer les produits.
3. Fournir aux consommateurs l'accès à des mécanismes extrajudiciaires de règlement des différends et de réparation équitables, faciles à utiliser, rapides et efficaces, sans coûts ou charges inutiles.
4. S'abstenir de toute affirmation ou omission, ou de toute autre pratique, qui soit trompeuse, fallacieuse, frauduleuse, déloyale, ou qui influencerait autrement le choix des consommateurs d'une manière qui leur serait nuisible ou préjudiciable pour la concurrence.
5. Soutenir les efforts en vue de promouvoir la formation des consommateurs dans les domaines qui relèvent de leurs activités industrielles et commerciales, dans le but, entre autres, d'améliorer la capacité des consommateurs à : i) prendre des décisions informées concernant des produits, services et marchés complexes ; ii) mieux comprendre l'impact économique, environnemental et social de leurs décisions ; et iii) soutenir la consommation durable.
6. Protéger les données personnelles des consommateurs en s'assurant que les pratiques des entreprises en matière de recueil et utilisation des données des consommateurs sont licites, transparentes et loyales et permettent la participation et le choix des consommateurs, et mettre en œuvre toutes les mesures raisonnables pour assurer la sécurité des données personnelles qu'elles collectent, conservent, traitent ou diffusent.
7. Coopérer de façon pleine et entière avec les autorités publiques pour empêcher et combattre les pratiques commerciales abusives ou trompeuses (y compris la publicité mensongère et la fraude commerciale) et réduire ou empêcher les menaces graves à la santé et à la sécurité publiques ou

à l'environnement résultant de la consommation, de l'utilisation ou de l'élimination de leurs biens et services.

8. Prendre en considération, lors de l'application des principes ci-dessus : i) les besoins des consommateurs, et en particulier ceux qui pourraient se trouver dans une situation de vulnérabilité ou désavantageuse, et ii) les défis spécifiques que le commerce en ligne peut poser pour les consommateurs.

Commentaire sur le Chapitre VIII : Intérêts des consommateurs

93. Le chapitre des *Principes directeurs* sur les intérêts des consommateurs s'appuie sur les travaux du Comité de la politique à l'égard des consommateurs et du Comité des marchés financiers de l'OCDE, sur les normes pertinentes de l'OCDE en matière de protection des consommateurs, ainsi que sur les travaux d'autres organisations, notamment la Chambre de commerce internationale, l'Organisation internationale de normalisation, et les Nations Unies, dont le Programme de l'ONU pour l'environnement (c'est-à-dire les *Principes directeurs* des Nations Unies pour la protection du consommateur), et d'autres instruments pertinents, parmi lesquels le Code pour la publicité et la communication commerciale responsables de la Chambre de commerce internationale.

94. Le chapitre reconnaît que la satisfaction du consommateur et des intérêts qui y sont liés constituent une base essentielle pour le bon fonctionnement des entreprises. Il reconnaît par ailleurs que les marchés de biens et services de consommation ont subi une transformation majeure au fil du temps. Les réformes de la réglementation, l'ouverture des marchés au niveau mondial, le développement de nouvelles technologies qui ont transformé les services numériques et financiers, et le développement des services aux consommateurs, ont été des éléments moteurs du changement, en offrant aux consommateurs davantage de choix ainsi que d'autres bénéfices résultant d'une libre concurrence accrue. En même temps, il est devenu en général plus difficile pour les consommateurs de comparer et d'évaluer les produits du fait de la rapidité du changement et de la complexité plus élevée de nombreux marchés. De plus, la démographie des consommateurs s'est également modifiée au fil du temps. Les enfants deviennent de plus en plus des forces significatives sur le marché, de même que les adultes âgés qui sont de plus en plus nombreux. Bien que les consommateurs soient dans l'ensemble mieux formés, un grand nombre d'entre eux n'ont pas les compétences en arithmétique et en lecture qui sont désormais requises sur des marchés de plus en plus complexes et à forte intensité d'information. En outre, beaucoup de consommateurs cherchent de plus en plus à connaître la position et les activités des entreprises sur un large éventail de questions économiques, sociales et environnementales et les prennent en considération lorsqu'ils choisissent des produits.

95. Le chapeau appelle les entreprises à recourir à des pratiques loyales en matière commerciale, de marketing et de publicité et à s'assurer de la qualité et de la fiabilité des produits qu'elles fournissent. Il y a lieu de noter que ces principes s'appliquent à la fois aux biens et aux services.

96. Le paragraphe 1 souligne l'importance, pour les entreprises, d'adhérer aux normes requises en matière de santé et de sécurité ainsi que de donner aux consommateurs des informations adéquates concernant la santé et la sécurité au sujet de leurs produits.

97. Le paragraphe 2 concerne la publication d'informations. Il appelle les entreprises à fournir des informations qui soient suffisantes pour que les consommateurs puissent prendre des décisions informées. La manière dont ces informations sont fournies en ligne devrait être ajustée et adaptée aux moyens d'accès dont disposent les consommateurs. Ceci s'applique, le cas échéant, aux informations sur les risques financiers associés aux produits. Par ailleurs, les entreprises sont parfois légalement tenues de fournir des informations d'une façon qui permettent aux consommateurs d'effectuer des comparaisons directes entre produits et services (prix unitaire, par exemple). En l'absence de législation directement applicable, les entreprises sont encouragées, dans leurs relations avec les consommateurs, à fournir des

informations d'une manière qui facilite les comparaisons entre produits et services et qui permette aux consommateurs de déterminer aisément le coût total d'un produit. Il y a lieu de noter que ce qui est considéré comme « suffisant » peut varier au fil du temps et que les entreprises devraient être en mesure de répondre à ces changements. Toutes les déclarations faites par les entreprises en lien avec leurs produits et les questions sociales ou environnementales devraient être fondées sur des éléments de preuve adéquats et, lorsque cela est pertinent, des tests appropriés et des vérifications. Ces déclarations peuvent viser à la fois la méthode de production d'un produit ou service et les caractéristiques de ce produit ou service. Étant donné l'intérêt croissant des consommateurs pour les questions environnementales et sociales et la consommation durable, des informations devraient être données, le cas échéant, sur les caractéristiques environnementales et sociales des produits et services. Ceci pourrait inclure des informations sur l'efficience énergétique et le degré de recyclabilité, de durabilité et de réparabilité des produits, sur les caractéristiques des produits et services financiers en matière de durabilité ou, par exemple, dans le cas des produits alimentaires, des informations sur les pratiques agricoles utilisées ou la valeur nutritionnelle.

98. Les consommateurs tiennent de plus en plus compte de la conduite des entreprises lorsqu'ils prennent leurs décisions d'achat. Les entreprises sont par conséquent invitées à communiquer des informations sur les initiatives qu'elles ont prises pour intégrer les préoccupations sociales et environnementales dans leurs activités et pour soutenir par ailleurs la consommation durable. Le chapitre III des *Principes directeurs* sur la publication d'informations est pertinent à ce sujet. Les entreprises sont par conséquent invitées à publier des déclarations sur leurs valeurs ou leur conduite comprenant des informations sur leurs politiques sociales, éthiques et environnementales et les autres codes de conduite auxquelles elles adhèrent. Les entreprises sont invitées à rendre ces informations disponibles en langage simple et à s'assurer de l'exactitude de toute allégation relative à leur performance environnementale et sociale. Il serait souhaitable qu'un nombre croissant d'entreprises publient des informations dans ces domaines et dirigent cette information vers les consommateurs.

99. Le paragraphe 3 reflète les termes utilisés dans la *Recommandation sur le règlement des litiges de consommation et leur réparation [OECD/LEGAL/0356]*. La Recommandation établit un cadre pour le développement de méthodes efficaces pour traiter les réclamations des consommateurs, et notamment une série de mesures que les différents secteurs peuvent prendre à cet égard. Il est fait observer que les mécanismes mis en place par un grand nombre d'entreprises pour résoudre les différends en matière de consommation ont contribué à renforcer la confiance et la satisfaction des consommateurs. Ces mécanismes peuvent fournir des solutions aux réclamations plus facilement applicables que les actions judiciaires, qui peuvent être coûteuses, complexes et chronophages pour toutes les parties concernées. Cependant, pour que ces mécanismes extrajudiciaires soient efficaces, les consommateurs doivent être au courant de leur existence et ils pourraient bénéficier d'orientations sur la façon de déposer des réclamations, notamment lorsque les demandes portent sur des transactions transfrontalières ou multidimensionnelles.

100. Le paragraphe 4 porte sur les pratiques commerciales trompeuses, fallacieuses, frauduleuses, et déloyales. Ces pratiques peuvent fausser les marchés, aux dépens des consommateurs et des entreprises responsables et elles devraient être évitées.

101. Le paragraphe 5 concerne l'éducation des consommateurs, qui a pris une grande importance avec la complexité croissante d'un grand nombre de marchés et de produits. Les gouvernements, les organisations de consommateurs et beaucoup d'entreprises ont reconnu qu'il s'agit d'une responsabilité partagée et qu'ils peuvent jouer des rôles importants à cet égard. Les difficultés que les consommateurs ont connues dans l'évaluation des produits complexes, notamment dans le domaine financier et dans d'autres domaines, ont souligné l'importance pour les parties prenantes de travailler ensemble en vue de promouvoir l'éducation visant à améliorer la prise de décisions par les consommateurs.

102. Le paragraphe 6 concerne les données personnelles. Le développement de la collecte et de l'utilisation de données personnelles par les entreprises peut comporter des risques considérables pour la vie privée et le bien-être des consommateurs. La protection des données personnelles des consommateurs, y compris en termes de sécurité des données, est donc particulièrement importante.

103. Le paragraphe 7 souligne l'importance, pour les entreprises, de coopérer avec les autorités publiques pour contribuer à prévenir et à combattre les pratiques commerciales trompeuses de manière plus efficace. La coopération est également souhaitée pour réduire ou prévenir les risques pesant sur la santé et la sécurité publiques ainsi que sur l'environnement. Cela inclut aussi bien les risques associés à l'élimination des produits que ceux liés à leur consommation et utilisation. Cela traduit la prise de conscience de l'importance d'envisager et gérer les risques pour la sécurité des produits durant tout leur cycle de vie, notamment aux étapes de conception, fabrication, distribution, utilisation et élimination.

104. Le paragraphe 8 appelle les entreprises à prendre en compte les situations des consommateurs vulnérables et défavorisés lorsqu'elles commercialisent leurs produits et services. On entend par consommateurs défavorisés ou vulnérables des consommateurs ou des catégories de consommateurs spécifiques qui, en raison de caractéristiques ou circonstances personnelles (telles que l'âge, la capacité mentale ou physique, l'éducation, le revenu, la langue ou l'éloignement), peuvent rencontrer des difficultés particulières à opérer sur les marchés actuels mondialisés et à forte intensité d'informations. Le paragraphe met par ailleurs en lumière l'importance croissante du commerce mobile et d'autres formes de commerce en ligne sur les marchés mondialisés. Les avantages que procure ce commerce sont importants et croissants. Il existe néanmoins certains risques de dommage pour les consommateurs. Les gouvernements ont consacré un temps considérable à examiner les moyens de faire en sorte que la transparence et la protection efficace dont les consommateurs bénéficient ne soient pas moins élevées dans le cadre du commerce en ligne que dans celui des formes plus traditionnelles de commerce. Il est par conséquent important que les entreprises prennent des mesures pour réduire les risques liés au commerce en ligne, de sorte que le niveau de protection ne soit pas inférieur à celui qui est fourni pour des formes plus traditionnelles de commerce.

IX. Science, technologie et innovation

La recherche scientifique et l'innovation technologique ont conduit à une amélioration de la productivité dans tous les secteurs et donnent aux entreprises la capacité d'exercer le devoir de diligence et de contribuer au développement durable. Les entreprises devraient, lorsque cela est approprié, participer au développement des capacités d'innovation au niveau local et national. Dans le cadre du développement, du financement, de la vente, de l'octroi de licences, du commerce et de l'utilisation de la technologie, y compris de la collecte et de l'utilisation de données, ainsi que de la recherche scientifique et de l'innovation, les entreprises devraient respecter les *Principes directeurs* et respecter les lois et exigences nationales applicables, notamment les exigences relatives à la protection de la vie privée et des données, et les réglementations en matière de contrôle des exportations. En particulier, les entreprises devraient :

1. Exercer le devoir de diligence fondé sur les risques, tel que décrit dans le chapitre II, en ce qui concerne les impacts négatifs, réels ou potentiels, liés à la science, à la technologie et à l'innovation.
2. Adopter, lorsque cela est possible dans le cadre de leurs activités commerciales, des pratiques permettant le transfert de technologie et de savoir-faire de façon volontaire, sûre, sécurisée et efficace, et selon des modalités fixées d'un commun accord, ainsi qu'améliorer l'accès aux données et leur partage pour favoriser la découverte scientifique et les innovations, en tenant dûment compte de la protection des droits de propriété intellectuelle, des obligations de confidentialité, de la protection de la vie privée et des données personnelles, du contrôle des exportations, et des principes de non-discrimination.
3. Mettre en œuvre, lorsque cela est approprié, des activités de développement scientifique et technologique dans les pays d'accueil pour répondre aux besoins du marché local, ainsi qu'employer du personnel des pays d'accueil dans les activités de développement scientifique et technologique, et encourager et soutenir leur formation, tout en prenant en compte les questions d'intégrité et de sécurité, et les besoins commerciaux.
4. Lorsqu'elles procèdent à l'octroi de licences pour l'utilisation de droits de propriété intellectuelle ou au transfert volontaire de technologie, le faire sur la base de modalités et conditions fixées d'un commun accord, avec les garde-fous appropriés pour prévenir et atténuer les impacts négatifs, et de manière à contribuer aux perspectives de développement durable à long terme du pays d'accueil, dans le respect des réglementations en matière de contrôle des exportations.
5. Développer, lorsque cela est pertinent pour les objectifs commerciaux, des liens avec les établissements d'enseignement supérieur et les institutions publiques de recherche au niveau local et participer à des projets de recherche en coopération avec les entreprises ou associations professionnelles locales, y compris les petites et moyennes entreprises, ainsi que les organisations de la société civile. Cette coopération devrait prendre en compte la gestion efficace des risques, les enjeux éthiques, les préoccupations liées à la sécurité nationale, les lois applicables et les considérations des parties prenantes. Elle devrait également reconnaître la valeur de la science en libre accès et respecter les garanties nécessaires pour préserver la liberté académique et l'autonomie de la recherche et de la science.
6. Améliorer la transparence sur les modalités d'accès et de partage des données lors de leur recueil, partage et utilisation, et encourager, tout au long du cycle de valeur des données, l'adoption de

pratiques de gouvernance responsable des données qui respectent les normes et obligations applicables largement reconnues et acceptées par les Adhérents aux *Principes directeurs*, y compris les codes de conduite, les principes et règles éthiques relatifs à la manipulation et à la contrainte des consommateurs, ainsi que les normes en matière de protection de la vie privée et des données.

7. Soutenir, lorsque cela est approprié en fonction de leurs circonstances, les efforts de coopération menés dans les forums adéquats pour promouvoir un internet ouvert, libre, mondial, interopérable, fiable, accessible, abordable, sûr et résilient, y compris par le respect des libertés d'expression, de réunion pacifique et d'association en ligne, et conformément aux sujets couverts par les *Principes directeurs*.

Commentaire sur le Chapitre IX : Science, technologie et innovation

105. Le développement, l'octroi de licences, la vente, le commerce et l'utilisation de la technologie a de profond impact sur les sujets visés par les *Principes directeurs*, notamment le développement durable, les droits humains, la participation à l'économie, la qualité de la démocratie, la cohésion sociale, le changement climatique, le panorama mondial du travail et des affaires, et les dynamiques du marché. La recherche scientifique et l'innovation technologique ont conduit à une amélioration de la productivité dans tous les secteurs et donnent aux entreprises la capacité d'exercer le devoir de diligence et de contribuer au développement durable, mais elles peuvent également être associées à des défis et des impacts négatifs.

106. Compte tenu de la nature évolutive de la thématique et du fait qu'elle est liée à de nombreuses problématiques, la portée du présent chapitre se veut suffisamment large et inclusive pour s'assurer qu'il reste pertinent par rapport aux risques associés aux développements à venir dans les domaines de la science, de la technologie et de l'innovation.

107. Dans une économie mondialisée fondée sur le savoir, la capacité d'accès et d'utilisation de la technologie, des données et du savoir-faire est essentielle pour améliorer les performances des entreprises. Cet accès est également important pour que se matérialisent les effets du progrès technologique sur l'ensemble de l'économie, notamment la croissance de la productivité et la création d'emplois, dans le contexte du développement durable[3]. Les entreprises multinationales sont un important vecteur de transfert de technologie au-delà des frontières. Elles peuvent contribuer à la capacité nationale d'innovation de leurs pays d'accueil en générant et diffusant de nouvelles technologies, et en permettant même l'utilisation par les entreprises et institutions locales. Les activités de recherche et de développement des entreprises multinationales et les investissements dans les nouvelles technologies, lorsqu'ils sont bien reliés au système national d'innovation, peuvent contribuer à améliorer le progrès économique et social de leur pays d'accueil. Pour sa part, le développement d'un système d'innovation dynamique dans le pays d'accueil diversifie les opportunités commerciales pour les entreprises multinationales.

108. Ce chapitre a donc pour but d'encourager la diffusion, par les entreprises multinationales, des résultats de leurs activités de recherche et développement parmi les pays où elles opèrent, contribuant ainsi à la capacité d'innovation des pays d'accueil, dans les limites imposées par la faisabilité économique et les préoccupations de compétitivité, et conformément aux obligations en matière de respect de la vie privée, protection des données, sécurité, protection de la propriété intellectuelle, et de confidentialité. À

[3] Le paragraphe 7 est sans préjudice des positions adoptées par les pays dans le domaine du commerce électronique au sein de l'Organisation mondiale du commerce (OMC). Il n'a pas pour objet de négliger d'autres intérêts importants de politiques publiques qui peuvent être liés à l'utilisation d'internet et qui devraient être pris en compte. Certains pays ont fait référence à cet égard à l'Agenda 2005 de Tunis pour la société de l'information.

cet égard, promouvoir la diffusion de la technologie peut impliquer de commercialiser des produits et services intégrant de nouvelles technologies, d'octroyer des licences pour des procédés innovants, d'embaucher et de former du personnel dans le domaine de la science et de la technologie, et de développer des initiatives de coopération en matière de recherche et développement. Lors de la vente de technologie ou de l'octroi de licences en la matière, les modalités négociées devraient non seulement être fixées d'un commun accord, mais les entreprises multinationales devraient également envisager les impacts à long terme de la technologie sur le développement, l'environnement et la société. À travers leurs activités, les entreprises multinationales peuvent établir et améliorer les capacités d'innovation de leurs filiales internationales, de leurs sous-traitants, ainsi que des autres entités avec lesquelles elles entretiennent des relations d'affaires. En outre, les entreprises multinationales peuvent attirer l'attention sur l'importance des infrastructures scientifiques et technologiques locales, aussi bien matérielles qu'institutionnelles. En ce sens, les entreprises multinationales peuvent contribuer utilement à la formulation, par les pays d'accueil, de cadres d'action propices au développement de systèmes d'innovation dynamiques.

109. Par « science », on entend, entre autres aspects, la recherche et l'exploration. Le terme « technologie » regroupe les technologies numériques, les technologies non numériques et les services numériques, ainsi que les écosystèmes numériques qui facilitent leur développement et utilisation. On entend par « innovation » le processus de développement d'un produit, service ou procédé nouveau ou amélioré dans l'intention de le mettre à la disposition d'utilisateurs potentiels ou de l'utiliser au sein de l'entreprise.

110. Le terme « données » désigne, comme dans les Recommandations pertinentes de l'OCDE, une information enregistrée dans un format structuré ou non structuré, qu'il s'agisse de texte, d'images, de son ou de vidéo. L'innovation fondée sur les données et la science basée sur le traitement intensif des données sont extrêmement prometteuses pour faire face aux grands enjeux de société. Les initiatives de science en libre accès et l'accès aux données ont eu des effets considérables sur la reproductibilité des résultats scientifiques, la diffusion du savoir dans la société, la coopération transdisciplinaire, l'utilisation efficiente des ressources, la productivité et la compétitivité. Les flux transfrontaliers de données sont essentiels pour soutenir le commerce international, l'échange d'information et de connaissances permettant de combler les fractures numériques, et le développement durable. Le paragraphe 2 vise à renforcer ces bénéfices, mais reconnaît également les risques de vol, ainsi que de partage et d'utilisation irresponsables de données qui peuvent porter atteinte à la vie privée des individus et représenter une menace pour la sécurité nationale. Les entreprises opérant en lien avec l'écosystème de données, qu'il s'agisse des détenteurs ou producteurs de données ou des intermédiaires, tels que définis dans la *Recommandation sur l'amélioration de l'accès aux données et de leur partage* [OECD/LEGAL/0463], sont encouragées à prendre en considération les recommandations concernant les pratiques responsables d'accès, de partage et d'utilisation des données énoncées dans ladite Recommandation, lesquelles visent à garantir la mise en œuvre de mesures de gestion du risque tout au long du cycle de valeur des données, notamment de mesures nécessaires pour préserver la confidentialité, l'intégrité, la sécurité et la disponibilité des données, en particulier dans le contexte de la gestion des données biologiques (comme l'ADN, par exemple), et lors de la divulgation de données aux autorités chargées de l'application de la loi et autres agences gouvernementales.

111. Les attentes concernant les entreprises décrites au paragraphe 4 se veulent proportionnelles afin d'éviter des modalités ou conditions susceptibles d'entraîner des conséquences indésirables. Les entreprises devraient également s'efforcer d'identifier les situations dans lesquelles certains acteurs peuvent chercher à tirer parti des transferts de technologie pour détourner de leur usage des technologies civiles.

112. Conformément au chapitre II, la nature et la portée du devoir de diligence pour les impacts négatifs liés à la science, à la technologie, et à l'innovation dépendent des circonstances de chaque situation particulière et impliquent de prioriser les impacts sur la base des risques. Cela demande également de

prendre en compte les circonstances connues ou raisonnablement prévisibles liées à l'utilisation du produit ou du service fourni conformément à une utilisation normale, ou dans des conditions raisonnablement prévisibles d'utilisation inadéquate ou de mauvaise utilisation, qui peuvent engendrer des impacts négatifs.

113. Les entreprises participant au développement de nouvelles technologies ou de nouveaux usages d'instruments existants devraient, dans la mesure du possible, anticiper et, si cela est approprié, traiter les problématiques éthiques, juridiques, sociales, et environnementales soulevées par les nouvelles technologies, tout en encourageant l'innovation responsable et en dialoguant et partageant des informations avec les autorités réglementaires locales et les représentants des travailleurs. Au-delà de, et sur la base de, la mise en œuvre des recommandations des *Principes directeurs*, les entreprises sont encouragées à prendre en considération les orientations disponibles en matière de processus d'innovation, notamment les normes pertinentes de l'OCDE dans les domaines de l'intelligence artificielle et des neurotechnologies, parmi lesquelles la *Recommandation sur l'intelligence artificielle [OECD/LEGAL/0449]* et la *Recommandation sur l'innovation responsable dans le domaine des neurotechnologies [OECD/LEGAL/0457]*.

114. La sécurité numérique est une responsabilité partagée entre toutes les parties prenantes, comprenant les entreprises, les clients et les gouvernements. Les incidents de sécurité numérique, comme l'accès non autorisé aux systèmes ou aux logiciels, le piratage de comptes, la perte ou le vol de données, ou la manipulation de ressources informatiques, peuvent porter préjudice aux entreprises, aux gouvernements et aux individus en sapant la disponibilité, l'intégrité et/ou la confidentialité de leurs données et systèmes et réseaux d'information. Les entreprises devraient assurer la gestion des risques en matière de sécurité numérique conformément aux autres chapitres des *Principes directeurs*. Les principes de confidentialité par défaut, le recours à un chiffrement complexe, les protocoles de gestion des droits et accès, et d'autres bonnes pratiques contribuent à limiter les menaces et à atténuer les dommages. Les entreprises devraient également prendre en compte les normes pertinentes de l'OCDE en matière de données.

115. Dans toutes les activités concernant la participation et l'implication des enfants et des jeunes dans l'environnement numérique, les entreprises devraient, lorsque cela est approprié, prendre en compte, avant toute autre considération, l'intérêt supérieur de l'enfant et, dans l'exercice du devoir de diligence, identifier comment les droits des enfants et jeunes peuvent être respectés et comment leur bien-être peut être protégé et encouragé dans l'environnement numérique, et prendre des mesures appropriées en ce sens conformément à la *Recommandation sur les enfants dans l'environnement numérique [OECD/LEGAL/0389]* et aux *Lignes directrices de l'OCDE à l'intention des prestataires de services numériques*.

X. Concurrence

Les entreprises devraient :

1. Mener leurs activités en conformité avec toutes les lois et réglementations applicables en matière de concurrence, en prenant en compte le droit de la concurrence de toutes les juridictions dans lesquelles leurs activités peuvent avoir des effets anticoncurrentiels.

2. S'abstenir de conclure ou d'exécuter des accords entre compétiteurs qui soient contraires à la concurrence, notamment des accords visant à :

   a) fixer les prix ;

   b) procéder à des soumissions concertées (collusions d'offres) ;

   c) établir des limitations de production ou des quotas ; ou

   d) se partager ou diviser les marchés en se répartissant des clients, des fournisseurs, des territoires géographiques ou des lignes d'activités.

3. Coopérer avec les autorités de la concurrence dans le cadre d'enquêtes, notamment, sous réserve du droit applicable et des garde-fous appropriées, en apportant des réponses aussi rapides et exhaustives que possible aux demandes de renseignements, et en envisageant d'utiliser tous les instruments disponibles, tels que des déclarations de renonciation au droit à la confidentialité, afin de favoriser une coopération efficace et efficiente entre les autorités chargées de mener les enquêtes.

4. Procéder régulièrement à des opérations de sensibilisation des salariés à l'importance du respect de l'ensemble des lois et réglementations applicables en matière de concurrence et, en particulier, former les dirigeants de l'entreprise aux questions de concurrence.

Commentaire sur le Chapitre X : Concurrence

116. Ces recommandations soulignent l'importance des lois et réglementations en matière de concurrence pour le fonctionnement efficace des marchés nationaux et internationaux, et réaffirment l'importance du respect de ces lois et réglementations par les entreprises nationales et multinationales. Elles visent également à garantir que toutes les entreprises ont connaissance des évolutions concernant la portée du droit de la concurrence, ainsi que les recours et les sanctions prévus en la matière, et l'étendue de la coopération entre les autorités de la concurrence. L'expression « droit de la concurrence » est utilisée pour désigner les lois, y compris les lois « antitrust » et « anti monopole » qui, selon des modalités diverses, interdisent : a) les accords contraires à la concurrence ; b) l'abus de pouvoir de marché ou de position dominante ; c) l'acquisition d'un pouvoir de marché ou d'une position dominante par des moyens autres qu'une performance efficiente ; ou d) l'amoindrissement substantiel de la concurrence ou l'entrave significative à la concurrence effective par le biais de fusions ou d'acquisitions.

117. D'une manière générale, les lois et les politiques publiques en matière de concurrence interdisent : a) les ententes injustifiables ; b) les autres accords contraires à la concurrence ; c) les comportements anticoncurrentiels fondés sur l'exploitation ou l'élargissement d'une position dominante ou d'un pouvoir de marché ; et d) les fusions et acquisitions contraires à la concurrence. En vertu de la *Recommandation*

concernant une action efficace contre les ententes injustifiables [OECD/LEGAL/0452], les accords anticoncurrentiels visés sous la catégorie a) constituent des ententes injustifiables, mais la Recommandation tient compte des différences existant entre les différents droits nationaux des pays membres, notamment des différences dans les exceptions ou les dispositions accordant une exception ou une autorisation pour une activité qui aurait été autrement interdite. Les recommandations figurant dans les *Principes directeurs* ne suggèrent pas que les entreprises devraient renoncer à se prévaloir de ces exceptions ou de ces dispositions juridiquement disponibles. Les catégories b) et c) sont plus générales car les effets d'autres formes d'accords et de comportements unilatéraux sont plus difficiles à apprécier, et il y a moins de consensus sur ce qu'il convient de considérer comme contraire à la concurrence.

118. Les politiques publiques en matière de concurrence ont pour objectif de contribuer au bien-être et à la croissance économique générale en favorisant des conditions de marché dans lesquelles la nature, la qualité et le prix des biens et des services sont déterminés par le jeu des forces concurrentielles du marché. En plus d'être profitable pour les consommateurs et l'économie d'un pays tout entière, un tel environnement concurrentiel récompense les entreprises qui répondent efficacement à la demande des consommateurs. Les entreprises peuvent participer à ce processus en fournissant des informations et conseils lorsque les gouvernements envisagent d'adopter des lois et des politiques publiques qui peuvent nuire à l'efficacité ou réduire d'une autre façon la compétitivité des marchés.

119. Les entreprises devraient être conscientes que des lois sur la concurrence continuent d'être adoptées et qu'il est de plus en plus courant que ces lois interdisent les activités anticoncurrentielles menées à l'étranger si celles-ci ont un impact dommageable sur les consommateurs nationaux. Par ailleurs, le caractère transnational du commerce et des investissements accroit la probabilité qu'un comportement anticoncurrentiel dans une juridiction ait des conséquences dommageables dans d'autres juridictions. Les entreprises devraient donc prendre en compte aussi bien le droit du pays où elles opèrent que celui de tous les pays dans lesquels les effets de leur comportement sont susceptibles d'être ressentis.

120. Enfin, les entreprises devraient reconnaitre que les autorités de la concurrence coopèrent de plus en plus étroitement pour enquêter et faire face aux activités anticoncurrentielles. Pour des informations plus générales, on pourra se reporter aux normes pertinentes de l'OCDE dans le domaine des politiques publiques en matière de concurrence. Lorsque les autorités de la concurrence de différentes juridictions examinent un même comportement, le fait, pour les entreprises, de faciliter la coopération entre les autorités favorise la cohérence et la pertinence des décisions et des mesures de réparation, tout en permettant aux gouvernements et aux entreprises de réaliser des économies de coûts.

121. Bien que les entreprises et les initiatives de collaboration auxquelles elles participent devraient prendre des mesures proactives pour comprendre les problématiques de droit de la concurrence dans leur juridiction et éviter les activités qui pourraient constituer une violation du droit de la concurrence, les initiatives crédibles de conduite responsable des entreprises ne sont pas intrinsèquement en tension avec les objectifs du droit de la concurrence et la collaboration dans le cadre de telles initiatives n'enfreindra généralement pas les lois sur la concurrence.

122. En fonction du contexte national, les entreprises peuvent être soumises au droit de la concurrence lorsqu'elles achètent la force de travail des travailleurs de la même manière que lorsqu'elles achètent d'autres biens et services. Dans ces cas-là, de lourdes sanctions peuvent être imposées s'il existe une entente entre employeurs sur les salaires (fixation des salaires) et les pratiques d'embauche (tels que des accords de non-débauchage et de non-sollicitation). Les entreprises devraient donc s'assurer qu'elles respectent les lois applicables dans le cadre de leurs politiques de recrutement et d'emploi, et lorsqu'elles planifient des opérations de fusion et d'acquisition.

XI. Fiscalité

1. Il est important que les entreprises contribuent aux finances publiques des pays d'accueil en acquittant avec ponctualité les impôts dont elles sont redevables. En particulier, les entreprises devraient se conformer à la lettre comme à l'esprit des lois et règlementations fiscales des pays où elles opèrent. Respecter l'esprit de la loi signifie comprendre et suivre l'intention du législateur. Cette interprétation ne signifie pas qu'une entreprise doive acquitter un impôt supérieur au montant prévu par la loi. Le respect des obligations fiscales implique notamment de communiquer en temps voulu aux autorités compétentes les informations pertinentes ou requises par la loi pour déterminer de façon correcte les impôts dont sont passibles leurs activités et de se conformer dans leurs pratiques de prix de transfert au principe de pleine concurrence.
2. Les entreprises devraient considérer la gouvernance fiscale et le respect des obligations fiscales comme des éléments importants de leurs mécanismes de contrôle et de leurs systèmes de gestion des risques au sens large. En particulier, les conseils d'administration devraient adopter des stratégies de gestion du risque fiscal afin de s'assurer que les risques financiers, réglementaires et réputationnels associés à la fiscalité soient pleinement identifiés et évalués.

Commentaire sur le Chapitre XI : Fiscalité

123. La conduite responsable dans le domaine fiscal signifie que les entreprises devraient se conformer à la lettre comme à l'esprit des lois et règlementations fiscales dans tous les pays où elles opèrent, coopérer avec les autorités et leur communiquer les informations pertinentes ou requises par la loi. Une entreprise respecte l'esprit des lois et règlementations fiscales si elle prend des mesures raisonnables pour déterminer l'intention du législateur et interprète ces règles fiscales conformément à cette intention, à la lumière du texte de loi et de l'histoire législative contemporaine pertinente. Les transactions ne devraient pas être structurées en vue d'obtenir des résultats fiscaux qui ne sont pas cohérents avec les conséquences économiques sous-jacentes de la transaction, sauf s'il existe une législation spécifique destinée à produire ce résultat. En pareil cas, l'entreprise devrait avoir de bonnes raisons de penser que la transaction est structurée de telle sorte qu'elle aboutit à un résultat fiscal qui n'est pas contraire à l'intention du législateur.

124. Le respect des obligations fiscales implique également de coopérer avec les autorités fiscales et de leur fournir les informations requises afin de garantir une application efficace et équitable des lois fiscales. Cette coopération suppose d'apporter des réponses rapides et complètes aux demandes de renseignements formulées par une autorité compétente conformément aux dispositions d'une convention fiscale ou d'un accord d'échange de renseignements. Cet engagement de communication d'informations n'est toutefois pas sans limites. En particulier, les *Principes directeurs* établissent un lien entre les informations qui devraient être fournies et leur pertinence pour l'application des lois fiscales concernées. On prend ainsi en compte le besoin d'équilibre entre la charge que représente pour les entreprises le respect des lois fiscales applicables et la nécessité, pour les autorités fiscales, de disposer d'informations complètes, actuelles et exactes pour pouvoir appliquer lesdites lois.

125. Les engagements des entreprises en matière de coopération, de transparence et de respect des obligations fiscales devraient se refléter dans leurs systèmes, structures et politiques de gestion des

risques. Pour les entreprises constituées en société, les conseils d'administration sont en mesure de contrôler le risque fiscal par divers moyens. Par exemple, les conseils d'administration devraient, de manière proactive, élaborer des principes appropriés de politique fiscale, et mettre en place des systèmes de contrôle interne en matière fiscale pour garantir que les actions des dirigeants sont conformes à l'analyse du risque fiscal effectuée par le conseil. Le conseil devrait être tenu informé de tout risque fiscal potentiellement significatif, et les responsabilités devraient être assignées pour l'exercice des fonctions internes de contrôle fiscal et de communication d'informations au conseil. Une stratégie globale de gestion des risques comportant un volet fiscal permettra à l'entreprise non seulement d'agir comme une entreprise citoyenne responsable, mais aussi de gérer efficacement le risque fiscal, ce qui peut servir à éviter d'importants risques financiers, réglementaires et réputationnels pour une entreprise.

126. La transparence fiscale favorise l'intégrité du système fiscal d'un pays et est une façon importante de s'assurer et de démontrer que les entreprises se conforment à la lettre comme à l'esprit des lois fiscales. Un membre d'un groupe multinational implanté dans un pays peut avoir des relations économiques approfondies avec d'autres membres du même groupe implantés dans d'autres pays et ces liens peuvent avoir une incidence sur les obligations fiscales de chacune des parties. En conséquence, les autorités fiscales peuvent avoir besoin d'informations en dehors de leur juridiction pour être en mesure d'évaluer ces liens et déterminer l'impôt dû par le membre du groupe multinational dans leur juridiction. Une fois encore, les informations devant être fournies se limitent à celles qui sont pertinentes ou requises par la loi pour l'évaluation envisagée de ces relations économiques en vue de déterminer correctement l'impôt dû par le membre du groupe multinational. Les entreprises multinationales devraient coopérer pour la communication de ces informations. Un certain nombre d'actions du projet *OCDE/G20 sur l'érosion de la base d'imposition et le transfert de bénéfices (BEPS)* visent à améliorer la transparence, telles que la préparation et l'échange de déclarations pays par pays (Action 13 du BEPS), l'échange obligatoire spontané d'informations pertinentes sur les décisions spécifiques aux contribuables (Action 5 du BEPS) et les règles de communication obligatoire d'informations sur les schémas de planification fiscale agressive (Action 12 du BEPS).

127. Une question importante du point de vue de la conduite responsable des entreprises dans le domaine de la fiscalité est celle des prix de transfert. L'expansion spectaculaire du commerce mondial et des investissements directs transfrontières (et le rôle de premier plan que jouent dans ce commerce et ces investissements les entreprises multinationales) signifie que les prix de transfert sont un déterminant essentiel des obligations fiscales des membres d'un groupe multinational parce qu'ils conditionnent de façon significative la répartition de la base d'imposition entre les pays dans lesquels l'entreprise multinationale opère. Le principe de pleine concurrence, qui figure à la fois dans le Modèle de convention fiscale de l'OCDE et le Modèle de convention des Nations Unies concernant les doubles impositions entre pays développés et pays en développement, est la norme acceptée au niveau international pour répartir les bénéfices entre entreprises associées. L'application du principe de pleine concurrence évite le transfert inapproprié de bénéfices ou de pertes et minimise les risques de double imposition. Son application correcte nécessite que les entreprises multinationales coopèrent avec les autorités fiscales et leur communiquent toutes les informations pertinentes ou requises par la loi concernant le choix de la méthode de détermination des prix de transfert adoptée pour les transactions internationales qu'elles entreprennent et par la partie associée. Il est admis qu'il est souvent difficile, aussi bien pour les entreprises multinationales que pour les administrations fiscales, de déterminer si les prix de transfert sont conformes à la norme (ou au principe) de pleine concurrence et que son application n'est pas une science exacte.

128. Le Comité des affaires fiscales de l'OCDE travaille de façon continue à la mise au point de recommandations visant à assurer la conformité des prix de transfert au principe de pleine concurrence. Ses travaux ont abouti à la publication, en 1995, des *Principes de l'OCDE applicables en matière de prix de transfert à l'intention des entreprises multinationales et des administrations fiscales, qui ont donné lieu à la Recommandation sur la détermination des prix de transfert entre entreprises associées [OECD/LEGAL/0279]* (les membres d'un groupe multinational rentrent normalement dans la définition des

entreprises associées). Les *Principes de l'OCDE applicables en matière de prix de transfert* sont régulièrement mis à jour afin de tenir compte des changements dans l'économie mondiale et de l'expérience des administrations fiscales et des contribuables confrontés aux prix de transfert. Il importe de souligner que la Recommandation du Conseil a été révisée en 2017 pour tenir compte de l'approbation par le Conseil du paquet BEPS, pour renforcer l'impact et la pertinence des *Principes applicables en matière de prix de transfert* au-delà des membres de l'OCDE, et pour procurer davantage de clarté et de sécurité juridique aux gouvernements et aux contribuables sur le statut des futures révisions des Principes applicables en matière de prix de transfert en favorisant leur mise en œuvre en temps voulu. Le principe de pleine concurrence appliqué à l'attribution de bénéfices aux établissements stables afin de déterminer les droits d'imposition d'un pays d'accueil en vertu d'une convention fiscale a fait l'objet d'une Recommandation du Conseil de l'OCDE adoptée en 2008.

129. Les *Principes de l'OCDE applicables en matière de prix de transfert* se concentrent sur l'application du principe de pleine concurrence pour l'évaluation des prix de transfert des entreprises associées. Les *Principes de l'OCDE applicables en matière de prix de transfert* ont pour but d'aider les administrations fiscales (des pays membres de l'OCDE et des pays non membres) et les entreprises multinationales en indiquant des solutions mutuellement satisfaisantes aux problèmes que peuvent poser les prix de transfert, de façon à réduire les différends entre les administrations fiscales et, également, entre ces administrations et les entreprises multinationales, et à éviter ainsi des contentieux coûteux. Les entreprises multinationales sont encouragées à se conformer aux *Principes de l'OCDE applicables en matière de prix de transfert*, tels que révisés et complétés, afin d'assurer que leurs prix de transfert respectent le principe de pleine concurrence.

130. La cohérence et l'uniformité de l'architecture fiscale internationale qui s'applique aux groupes d'entreprises multinationales a été renforcée plus largement via le projet OCDE/G20 sur le BEPS. En particulier, la *Convention multilatérale pour la mise en œuvre des mesures relatives aux conventions fiscales pour prévenir l'érosion de la base d'imposition et le transfert de bénéfices [OECD/LEGAL/0432]* facilite la mise en œuvre d'un certain nombre de mesures visant à contrer l'évasion fiscale et à améliorer la cohérence des règles fiscales internationales, y compris des standards minimums pour éviter l'utilisation abusive des conventions et améliorer le règlement des différends. La réussite de ce système dépend d'un réseau de relations positives, de coopération et de réciprocité.

Partie II : Procédures de mise en œuvre des Principes directeurs de l'OCDE à l'intention des entreprises multinationales sur la conduite responsable des entreprises

Décision du Conseil sur les Principes directeurs de l'OCDE à l'intention des entreprises multinationales sur la conduite responsable des entreprises

LE CONSEIL,

VU l'article 5 a) de la *Convention relative à l'Organisation de coopération et de développement économiques* en date du 14 décembre 1960 ;

VU *la Déclaration de l'OCDE sur l'investissement international et les entreprises multinationales* (la « *Déclaration* »), [OECD/LEGAL/0144], par laquelle les Membres et les non Membres ayant adhéré (les « Adhérents ») recommandent conjointement aux entreprises multinationales opérant dans ou depuis leur territoire d'observer les *Principes directeurs de l'OCDE à l'intention des entreprises multinationales sur la conduite responsable des entreprises* (les « *Principes directeurs* ») ;

RECONNAISSANT que, dans la mesure où les opérations des entreprises multinationales s'étendent à travers le monde, la coopération internationale en matière de questions couvertes par la Déclaration devrait s'étendre à tous les pays ;

CONSIDÉRANT qu'il est souhaitable de renforcer les procédures permettant la tenue de consultations sur les questions couvertes par les *Principes directeurs* et d'encourager une application effective de ces Principes ;

Sur proposition du Comité de l'investissement :

DÉCIDE :

I. Points de contact nationaux pour la conduite responsable des entreprises

1. Les Adhérents créeront des Points de contact nationaux pour la conduite responsable des entreprises (PCN) pour contribuer à renforcer l'effectivité des *Principes directeurs*. Les PCN auront les responsabilités suivantes :

   a) Promouvoir la connaissance et l'utilisation des *Principes directeurs*, y compris en répondant aux demandes de renseignements ;

   b) Contribuer à la résolution des problèmes qui surviennent à propos de la mise en œuvre des *Principes directeurs* dans des circonstances spécifiques.

En outre, le cas échéant et en coordination avec les organismes gouvernementaux concernés, les PCN peuvent également appuyer les efforts déployés par leur gouvernement pour élaborer, mettre en œuvre et renforcer la cohérence des politiques publiques visant à promouvoir la conduite responsable des entreprises.

Les milieux d'affaires, les organisations représentant les travailleurs, les autres organisations non gouvernementales et les autres parties intéressées seront informés de la disponibilité des PCN.

2. Les PCN des différents Adhérents coopéreront, en tant que de besoin, sur toute question de leur ressort couverte par les *Principes directeurs*. En règle générale, des discussions devraient être entamées à l'échelon national avant que des contacts soient établis avec d'autres PCN.

3. Les PCN se réuniront régulièrement pour partager leurs expériences et faire rapport au Comité de l'investissement.

4. Les Adhérents doteront leurs PCN de ressources humaines et financières afin qu'ils puissent s'acquitter pleinement de leurs responsabilités d'une manière qui remplisse les critères d'efficacité décrits dans les Procédures jointes à la présente Décision, en tenant compte de leurs capacités et pratiques budgétaires internes.

5. Les Adhérents entreprendront des examens par les pairs périodiques de leurs PCN, sous réserve des modalités adoptées par le Groupe de travail sur la conduite responsable des entreprises (GTCRE).

II. Le Comité de l'investissement et le Groupe de travail sur la conduite responsable des entreprises

1. Le Comité de l'investissement (« le Comité ») supervisera la mise en œuvre de la Déclaration sur l'investissement international et les entreprises multinationales. Le GTCRE assistera le Comité dans la mise en œuvre de la section I de la Déclaration en ce qui concerne ses responsabilités en lien avec les *Principes directeurs*.

2. Le Comité procédera, périodiquement ou à la demande d'un Adhérent, à des échanges de vues sur les questions couvertes par les *Principes directeurs* et sur l'expérience tirée de leur application. Le Comité invitera périodiquement Business at OECD (BIAC), la Commission syndicale consultative auprès de l'OCDE (TUAC) (« les organes consultatifs ») et OECD Watch, ainsi que d'autres partenaires internationaux, à exprimer leurs points de vue sur les questions visées par les *Principes directeurs*. Des échanges de vues pourront aussi être organisés avec eux sur ces questions à leur demande.

3. Le Comité s'engagera auprès des non-Adhérents sur les questions couvertes par les *Principes directeurs* de façon à promouvoir une conduite responsable des entreprises partout dans le monde, conformément aux *Principes directeurs*, et à instaurer des règles du jeu équitables. Il s'efforcera également de coopérer avec les non-Adhérents ayant un intérêt spécifique pour les *Principes directeurs* afin d'en promouvoir auprès d'eux les principes et les normes.

4. Le Comité sera chargé de la clarification des *Principes directeurs*. Les parties impliquées dans une circonstance spécifique ayant motivé une demande de clarification se verront offrir la possibilité d'exprimer leur point de vue, oralement ou par écrit. Le Comité ne tirera pas de conclusions sur la conduite d'entreprises déterminées.

5. Le Comité organisera des échanges de vues sur les activités menées par les PCN dans le but d'améliorer l'effectivité des *Principes directeurs* et de favoriser l'équivalence fonctionnelle des PCN.

6. Le Comité fera périodiquement rapport au Conseil sur les questions couvertes par les *Principes directeurs*. Dans ses rapports, le Comité tiendra compte des rapports des PCN et des vues exprimées par les organes consultatifs (BIAC et TUAC), par OECD Watch, par d'autres partenaires internationaux et par des non-Adhérents le cas échéant.

7. Le Comité, en coopération avec les PCN, veillera à promouvoir d'une manière proactive le respect effectif, par les entreprises, des principes et des normes énoncés dans les *Principes directeurs*. En particulier, il s'efforcera de rechercher des opportunités de collaboration avec les organes consultatifs (BIAC et TUAC), OECD Watch, avec d'autres partenaires internationaux et d'autres parties prenantes pour encourager les contributions positives que les entreprises multinationales peuvent, en se référant aux *Principes directeurs*, apporter au progrès économique, environnemental et social afin d'instaurer un développement durable et pour aider à identifier les risques d'impacts négatifs associés à des produits, des régions, des secteurs ou des industries spécifiques, et à y répondre.

III. Mise en œuvre et réexamen de la Décision

1. Les Procédures jointes à la présente Décision définissent des attentes, des recommandations et des orientations adressées aux Adhérents, aux PCN, au Comité et au GTCRE dans le cadre de la mise en œuvre de cette Décision.

2. La présente Décision sera réexaminée périodiquement. Le Comité soumettra des propositions à cet effet et le GTCRE pourra élaborer et soumettre de telles propositions au Comité.

Procédures

I. Points de contact nationaux pour une conduite responsable des entreprises

Le rôle des Points de contact nationaux pour une conduite responsable des entreprises (PCN) est de contribuer à une mise en œuvre effective des *Principes directeurs*. Les PCN fonctionneront de manière à être :

1. visibles,
2. accessibles,
3. transparents,
4. responsables,
5. impartiaux et équitables,
6. prévisibles, et
7. conformes aux *Principes directeurs*.

Ces principes constituent ensemble les critères essentiels d'efficacité des PCN. Les PCN, chacun en fonction de sa situation particulière, rechercheront l'équivalence fonctionnelle, ce qui signifie que tous les PCN fonctionneront avec un degré d'efficacité équivalent, tiré du respect des critères essentiels d'efficacité.

A. Modalités institutionnelles

Conformément aux objectifs de l'équivalence fonctionnelle des PCN et du renforcement de l'effectivité des *Principes directeurs*, les Adhérents jouissent d'une flexibilité dans l'organisation de leurs PCN pour répondre aux critères essentiels d'efficacité. En déterminant les modalités institutionnelles de leur PCN, les gouvernements rechercheront le soutien actif des partenaires sociaux, le cas échéant, et celui d'autres parties prenantes, ainsi que d'autres organismes publics compétents.

En conséquence, les PCN :

1. Seront composés, organisés et dotés de ressources suffisantes afin d'offrir une structure efficace pour le traitement des questions très diverses soulevées par les *Principes directeurs*, d'avoir accès à des sources d'expertise sur tous les aspects liés au mandat du PCN, de pouvoir fonctionner en toute impartialité et de respecter un niveau approprié de responsabilité vis-à-vis des gouvernements adhérents.
2. Peuvent avoir recours à différentes formes d'organisation pour répondre aux critères essentiels d'efficacité et rechercher l'équivalence fonctionnelle, en veillant à conserver la confiance des parties prenantes. Par exemple, un PCN peut être un haut fonctionnaire ou un département administratif dirigé par un haut fonctionnaire, un organisme interinstitutionnel ou interministériel composé de, ou dirigé par, de hauts fonctionnaires ; un organisme composé de représentants du gouvernement, des milieux d'affaires, des organisations représentant les travailleurs, d'autres organisations non gouvernementales (multipartite), et/ou d'experts indépendants. Les gouvernements sont encouragés à inclure des représentants des milieux d'affaires, des

organisations représentant les travailleurs et d'autres organisations non gouvernementales dans des organes consultatifs ou de surveillance, lorsque cela s'avère utile pour assister le PCN dans l'exécution de ses missions.

3. Noueront et entretiendront des relations constructives, et se concerteront avec les partenaires sociaux, le cas échéant, ainsi qu'avec les représentants des milieux d'affaires, des organisations représentant les travailleurs, des organisations non gouvernementales et/ou d'autres parties intéressées en mesure de contribuer à l'effectivité des *Principes directeurs*.

B. Information et promotion

Le PCN :

1. Fera connaître les *Principes directeurs* et les diffusera par les moyens appropriés, y compris par des supports en ligne, et dans les langues nationales. Les PCN devraient également promouvoir les guides OCDE sur le devoir de diligence pour une conduite responsable des entreprises, en tenant compte de la nature spécifique des guides telle que décrite au paragraphe 15 du commentaire du chapitre II des *Principes directeurs*. Les parties prenantes concernées, y compris les investisseurs potentiels (désireux d'investir dans le pays ou à l'étranger) devraient être informés en tant que de besoin sur les *Principes directeurs*.
2. Fera connaître les *Principes directeurs*, leurs procédures de mise en œuvre et le PCN lui-même, y compris en coopérant, le cas échéant, avec les organismes publics compétents, les milieux d'affaires, les organisations représentant les travailleurs, d'autres organisations non gouvernementales et le public intéressé.
3. Répondra aux demandes de renseignements sur les *Principes directeurs* et les guides OCDE sur le devoir de diligence, ainsi que sur le PCN lui-même, y compris celles émanant :
   a) d'autres PCN ;
   b) des milieux d'affaires, des organisations représentant les travailleurs, d'autres organisations non gouvernementales et du public ; et
   c) des gouvernements de non-Adhérents.

C. Circonstances spécifiques

Le PCN contribuera, en tant que mécanisme de réclamation non judiciaire, à la résolution des problèmes qui surviennent à propos de la mise en œuvre des *Principes directeurs* dans des circonstances spécifiques d'une manière compatible avec les critères essentiels d'efficacité énumérés dans la section I.A. ci-avant. Les PCN publieront leurs procédures de traitement des affaires, à savoir les procédures applicables au traitement des circonstances spécifiques, lesquelles seront conformes aux présentes Procédures. Les PCN sont encouragés à consulter leurs parties prenantes lors de l'élaboration de leurs procédures de traitement des affaires. Les PCN offriront un espace de discussion et leur expertise sur les *Principes directeurs* pour assister les milieux d'affaires, les organisations représentant les travailleurs, d'autres organisations non gouvernementales, et les autres parties intéressées dans la résolution des problèmes soulevés efficacement et promptement, et en conformité avec les lois applicables et les *Principes directeurs*. En fonction des caractéristiques de chaque affaire, cette assistance peut consister entre autres à soutenir un dialogue constructif, faciliter la conclusion d'accords entre les parties et/ou émettre des recommandations. Les objectifs de cette assistance peuvent être de favoriser la mise en œuvre des *Principes directeurs* à l'avenir et/ou de remédier à des impacts négatifs d'une manière compatible avec les *Principes directeurs*.

Pour offrir cette assistance, le PCN :

1. Lorsque d'autres PCN sont concernés en raison des caractéristiques de la circonstance spécifique, se coordonnera de bonne foi avec eux pour choisir le PCN principal et les PCN de soutien.

2. Consultera les parties sur les problèmes soulevés et procèdera à une évaluation initiale de la question de savoir si les problèmes soulevés appellent un examen approfondi, et répondra aux parties impliquées.
3. Lorsque, sur la base d'une évaluation initiale, le PCN décide que les problèmes soulevés appellent un examen approfondi, offrira ses bons offices pour assister les parties impliquées pour les résoudre. À cette fin, le PCN consultera ces parties et, selon les cas :
   a) sollicitera l'avis d'autorités compétentes et/ou de représentants des milieux d'affaires, des organisations représentant les travailleurs, d'autres organisations non gouvernementales et d'experts ;
   b) consultera le ou les PCN de tout autre Adhérent ou tous autres Adhérents concerné(s) ;
   c) demandera des informations sur des circonstances spécifiques similaires au Secrétariat ou des orientations au GTCRE s'il a des doutes sur l'interprétation des *Principes directeurs*. Ces informations et orientations sont consultatives, confidentielles et propres à chaque affaire et ne constituent pas des clarifications de l'interprétation des *Principes directeurs*, qui demeurent de la responsabilité du Comité conformément au paragraphe II.2.c) ci-après. Sous réserve des ressources disponibles, ces informations ou orientations devraient être fournies rapidement afin d'éviter tout retard dans le règlement de l'affaire ;
   d) offrira et, avec l'accord des parties impliquées, facilitera l'accès à des moyens consensuels et non contentieux, tels que la médiation ou la conciliation, afin d'assister les parties pour résoudre les problèmes.
4. À l'issue des procédures et après consultation des parties impliquées, rendra les résultats de la procédure publics, en tenant compte de la nécessité de protéger les informations sensibles de nature commerciale ou relatives aux parties prenantes, en publiant un communiqué final :
   a) dans le cas où le PCN décide que les problèmes soulevés n'appellent pas un examen approfondi. Dans ce communiqué, le PCN devrait au minimum décrire les problèmes soulevés, les positions respectives des parties s'il y a lieu, les mesures prises par le PCN dans le cadre de l'examen de la demande et la participation des parties à la procédure, et donner les motifs de sa décision ;
   b) dans le cas où les parties sont parvenues à un accord sur les problèmes soulevés. Dans ce communiqué, le PCN devrait au minimum décrire les problèmes soulevés, les positions respectives des parties s'il y a lieu et les mesures prises par le PCN pour assister les parties, et indiquer à quel moment un accord a été conclu. Toute information relative au contenu de l'accord n'y figurera que si les parties concernées y consentent. Le PCN pourra également inclure des recommandations sur la mise en œuvre des *Principes directeurs* dans ses communiqués lorsqu'un accord a été conclu, le cas échéant ;
   c) dans le cas où aucun accord n'a été conclu ou lorsqu'une des parties ne souhaite pas participer à la procédure. Dans ce communiqué, le PCN devrait au minimum décrire les problèmes soulevés, les positions respectives des parties s'il y a lieu, les raisons pour lesquelles il a décidé qu'elles appelaient un examen approfondi et les mesures prises par le PCN pour assister les parties, y compris des informations sur la participation des parties à la procédure. Le PCN devrait également inclure des recommandations sur la mise en œuvre des *Principes directeurs*, le cas échéant. S'il le juge à propos, il pourra également indiquer les raisons pour lesquelles il n'a pas été possible de parvenir à un accord. Si le droit applicable et les procédures de traitement des affaires du PCN le permettent, ce dernier pourra, de manière discrétionnaire, exposer son point de vue dans son communiqué final sur le respect ou non-respect des *Principes directeurs* par l'entreprise.

   Le PCN fera rapidement connaître au Comité et au GTCRE les résultats des circonstances spécifiques engagées.

5. Assurera un suivi de la mise en œuvre des recommandations ou, le cas échéant, de l'accord conclu entre les parties, s'il y a lieu, après la clôture d'une circonstance spécifique. Le PCN devrait en outre publier des communiqués de suivi. Tout suivi que le PCN a l'intention d'entreprendre devrait également être mentionné dans le communiqué final, y compris les échéances prévues.
6. Agira avec transparence et informera les parties à une circonstance spécifique de tous les faits et arguments pertinents soumis au PCN par d'autres parties, en particulier pendant la phase de bons offices. Toutefois, sur demande raisonnable d'une partie, par exemple pour protéger des informations sensibles et/ou les intérêts des parties prenantes impliquées dans la circonstance spécifique, le PCN pourra maintenir la confidentialité de certaines informations vis-à-vis les autres parties.
7. Informera les parties qu'elles ne peuvent à aucun moment divulguer publiquement ou à un tiers, au cours de la procédure ou après, des faits et des arguments partagés par d'autres parties ou par le PCN (y compris, le cas échéant, par un médiateur ou conciliateur extérieur) au cours de la procédure décrite aux paragraphes 1-5 ci-dessus, à moins que l'autre partie concernée n'accepte qu'ils soient divulgués, que les faits ou arguments visés ne soient déjà dans le domaine public, ou que ne pas les divulguer ne soit contraire aux dispositions de la législation nationale.
8. Si des problèmes se posent dans des non-Adhérents, prendra des mesures afin de parvenir à une meilleure compréhension des problèmes soulevés, et appliquera les présentes Procédures.
9. Tout au long du processus, les PCN devraient prendre toutes les mesures appropriées, dans la mesure de leurs capacités, pour faire face aux risques de représailles à l'encontre des parties à une circonstance spécifique. S'ils ont connaissance d'un cas réel ou potentiel de représailles, les PCN devraient, dans la mesure du possible, soutenir la partie concernée pour éviter et atténuer tout préjudice et contacter les autorités compétentes, en consultation avec la (les) personne(s) menacée(s) si possible. Les gouvernements devraient également prendre les mesures nécessaires pour protéger le PCN et ses membres de représailles.

D. Soutien aux efforts des gouvernements en matière de promotion de la conduite responsable des entreprises

Pour renforcer l'effectivité des *Principes directeurs*, les PCN peuvent, le cas échéant et en coordination avec les organismes publics compétents, soutenir les efforts de leur gouvernement en vue d'élaborer, de mettre en œuvre et de favoriser la cohérence des politiques en matière de promotion de la conduite responsable des entreprises. La fourniture ou la demande d'un tel soutien devrait prendre en compte les ressources du PCN et sa capacité à s'acquitter de ses responsabilités, telles que décrites au paragraphe I.1. de la *Décision*.

E. Établissement de rapports

1. Chaque PCN fera chaque année un rapport au Comité et au GTCRE.
2. Ce rapport devrait contenir des informations sur la nature et le résultat des activités menées par le PCN, y compris dans le cadre des circonstances spécifiques.

F. Examen par les pairs

Les Adhérents entreprendront des examens par les pairs périodiques de leur PCN, qui seront organisés par le Secrétariat, en vue d'améliorer la mise en œuvre effective des *Principes directeurs*, de partager les meilleures pratiques et de favoriser l'efficacité et l'équivalence fonctionnelle des PCN. Les modalités des examens par les pairs périodiques, y compris les procédures applicables, la durée du cycle d'examen par les pairs et les dispositifs de financement, seront approuvées par le GTCRE et réexaminées à la fin de chaque cycle. Le premier cycle d'examens par les pairs périodiques ne sera lancé qu'après l'approbation de ces modalités.

II. Comité de l'investissement, GTCRE et le Secrétariat

1. Le Comité, le GTCRE et le Secrétariat étudieront les demandes d'assistance des PCN dans le cadre de leurs activités, y compris en cas de doute quant à l'interprétation des *Principes directeurs* dans des circonstances particulières, chacun conformément à ses responsabilités respectives.

2. Le Comité, avec l'assistance du GTCRE, dans le but d'améliorer l'effectivité des *Principes directeurs* et de favoriser l'équivalence fonctionnelle des PCN:

a) étudiera les rapports annuels des PCN décrits à la section I.E. ci-dessus. Sur la base de ces rapports, le GTCRE produira chaque année un rapport public analysant les activités des PCN ;

b) étudiera les demandes dûment motivées émanant d'un Adhérent, d'un organe consultatif (BIAC ou TUAC) ou d'OECD Watch sur le point de savoir si un PCN s'acquitte ou non de ses responsabilités dans des circonstances spécifiques. Le Comité approuvera la réponse par consensus. L'Adhérent dont le PCN fait l'objet d'une demande dûment motivée participera à la procédure de bonne foi et devra se rallier au consensus, sauf circonstances exceptionnelles ;

c) envisagera d'apporter une clarification quant à l'interprétation des *Principes directeurs* à la demande d'un Adhérent, d'un organe consultatif (BIAC ou TUAC) ou d'OECD Watch. Cette demande peut concerner la question de savoir si un PCN a correctement interprété les *Principes directeurs* dans des circonstances spécifiques, toutefois dans ce cas, le Comité ne tirera pas de conclusions sur la conduite d'entreprises individuelles ;

d) formulera des recommandations, si nécessaire, pour améliorer le fonctionnement des PCN et l'effectivité de la mise en œuvre des *Principes directeurs*. Lorsque, sur la base des deux derniers cycles de rapports annuels et sur proposition du GTCRE, le Comité détermine qu'un PCN, pendant une période prolongée et sans raison légitime, n'a manifestement pas fonctionné d'une manière conforme aux présentes Procédures, il peut faire des recommandations appropriées à l'Adhérent et l'inviter à rendre compte dans un délai donné, et le Comité peut procéder de la sorte à plusieurs reprises jusqu'à ce qu'il constate que les problèmes ont été solutionnés. Le Comité et le GTCRE décideront de ces questions par consensus. L'Adhérent dont le PCN est concerné participera à la procédure de bonne foi, et devra se rallier au consensus, sauf circonstances exceptionnelles ;

e) coopérera avec des partenaires internationaux ;

f) se concernera avec les non-Adhérents intéressés sur les questions couvertes par les *Principes directeurs* et leur mise en œuvre.

3. Le Comité et le GTCRE pourront solliciter et examiner l'avis d'experts sur toutes les questions couvertes par les *Principes directeurs*. Le Comité décidera des procédures à suivre à cette fin.

4. Le Comité et le GTCRE exerceront leurs responsabilités efficacement et promptement.

5. Dans l'exercice de leurs responsabilités, le Comité et le GTCRE seront assistés par le Secrétariat qui, selon les orientations générales données par le Comité et le GTCRE et sous réserve du Programme de travail et budget de l'Organisation :

a) servira de source centrale d'information pour les PCN ayant des questions sur la promotion, l'interprétation et la mise en œuvre des *Principes directeurs*. Les informations sur l'interprétation des *Principes directeurs* seront fournies conformément à la section I.C.2.c) ci-dessus ;

b) recueillera et rendra publiques (y compris en soutenant le GTCRE dans la publication du rapport d'analyse annuel des activités des PCN au titre de la section II. 2. A) ci-dessus) les informations appropriées relatives aux tendances récentes et aux pratiques émergentes à propos des modalités institutionnelles des PCN, de leurs activités de promotion et de la mise en œuvre des *Principes directeurs* dans des circonstances spécifiques. Le Secrétariat élaborera des formats-types unifiés pour la rédaction des rapports, ce qui lui permettra de constituer et de maintenir une base de données à jour sur les circonstances spécifiques et de procéder régulièrement à des analyses de ces circonstances spécifiques ;

c) facilitera les activités d'apprentissage mutuel, ainsi que les activités de renforcement des capacités et de formation, en particulier à l'intention des PCN des nouveaux Adhérents et des nouveaux membres du personnel des PCN, sur les *Principes directeurs* et leurs procédures de mise en œuvre, par exemple sur la promotion et la facilitation de la conciliation et la médiation ;

d) organisera des examens par les pairs périodiques des PCN, comme indiqué à la section I.F. ci-dessus ;

e) facilitera la coopération entre les PCN en tant que de besoin ; et

f) fera la promotion des *Principes directeurs* dans les forums et réunions internationaux appropriés et apportera son soutien aux PCN et au Comité dans leurs efforts visant à faire mieux connaître les *Principes directeurs* parmi les non-Adhérents.

III. Divers

Ces Procédures ne donnent pas lieu à des droits ou obligations supplémentaires en vertu du droit international.

Commentaires sur les Procédures de mise en œuvre

1. La Décision du Conseil représente l'engagement des Adhérents d'améliorer la mise en œuvre des recommandations contenues dans le texte des *Principes directeurs*. Les Procédures sont jointes à la Décision du Conseil et décrivent les attentes, recommandations et autres orientations adressées aux gouvernements, aux Points de contact nationaux pour une conduite responsable des entreprises (PCN), au Comité de l'investissement (le Comité), au Groupe de travail sur la conduite responsable des entreprises (GTCRE) et au Secrétariat, sans donner lieu à des droits ou des obligations supplémentaires en vertu du droit international. L'utilisation du futur indique les attentes. Le verbe « devoir » ou « encourager » indique les recommandations. Le verbe « pouvoir » indique les orientations.

2. La Décision du Conseil contient les responsabilités fondamentales des Adhérents en ce qui concerne les PCN, qui peuvent être résumées comme suit :

- Instituer des PCN et informer les parties intéressées de l'existence d'un dispositif ayant trait aux *Principes directeurs*.
- Mettre à leur disposition des ressources humaines et financières nécessaires.
- Permettre aux PCN de différents Adhérents de coopérer mutuellement si besoin.
- Permettre aux PCN de se réunir régulièrement et de faire des rapports au Comité.

3. La Décision du Conseil définit également les responsabilités du Comité concernant les *Principes directeurs*, en ce compris :

- Organiser des échanges de vues sur les questions se rapportant aux *Principes directeurs*.
- Apporter des clarifications si besoin.
- Organiser des échanges de vues sur les activités des PCN.
- Faire rapport au Conseil de l'OCDE sur les *Principes directeurs*.

4. Le Comité de l'investissement est l'organe de l'OCDE chargé de superviser l'application des *Principes directeurs*. Cette responsabilité ne s'applique pas uniquement aux *Principes directeurs* eux-mêmes, mais à tous les éléments de la Déclaration (instruments relatifs au traitement national, aux stimulants et obstacles à l'investissement international ainsi qu'aux obligations contradictoires). Le Comité cherche à s'assurer que chaque élément de la Déclaration est respecté et compris, et que tous ces éléments sont complémentaires et s'articulent harmonieusement.

5. Le GTCRE est un organe subsidiaire du Comité dont les responsabilités sont liées aux *Principes directeurs* et à la Décision. Les Procédures énumèrent divers moyens par lesquels le GTCRE apporte son assistance au Comité, notamment :

- En élaborant les modalités des examens par les pairs périodiques des PCN, en supervisant l'organisation de ces examens par le Secrétariat et en approuvant les rapports d'examen par les pairs ;
- En donnant des orientations consultatives aux PCN qui s'interrogent sur l'interprétation des *Principes directeurs* dans des circonstances particulières ;
- En préparant les réponses du Comité aux griefs dûment motivés et aux demandes de clarification des *Principes directeurs* ;

- En conseillant le Comité sur la formulation de recommandations à l'intention d'un Adhérent dont le PCN est devenu manifestement défaillant depuis une longue période et sans raison légitime ;
- En soutenant le Comité dans l'examen des rapports annuels des PCN et en publiant un rapport annuel sur les activités des PCN.

6. Témoignant de l'intérêt croissant que présente la conduite responsable des entreprises pour les non-Adhérents, la Décision prévoit un engagement et une coopération avec les non-Adhérents sur les questions couvertes par les *Principes directeurs*. Cette disposition permet au Comité d'organiser des réunions spéciales avec des non-Adhérents intéressés afin de promouvoir la compréhension des normes et principes énoncés dans les *Principes directeurs* ainsi que leurs procédures de mise en œuvre. Sous réserve du respect des procédures de l'OCDE applicables en la matière, le Comité peut aussi les associer à des activités ou projets spécifiques portant sur la conduite responsable des entreprises, notamment en les invitant à ses réunions.

7. Le Comité coopérera avec les PCN et recherchera toutes les occasions de collaborer avec les organes consultatifs (BIAC et TUAC), OECD Watch et d'autres partenaires internationaux dans le but de promouvoir de manière proactive la mise en œuvre effective des *Principes directeurs*. En particulier, dans le cadre de son travail de supervision de la mise en œuvre de la Déclaration, le Comité, avec le soutien du GTCRE, fournira des orientations sur le devoir de diligence pour une conduite responsable des entreprises et cherchera à renforcer la capacité des entreprises à le mettre en œuvre, y compris dans des secteurs, des zones géographiques et des domaines de risque spécifiques. Cette démarche sera menée, entre autres, par le biais d'un engagement multipartite et prendra en compte les besoins des petites et moyennes entreprises, en coopération avec les PCN. On trouvera au paragraphe 21 ci-dessous d'autres orientations à l'intention des PCN sur cette question.

I. Commentaire sur les Procédures pour les Points de contact nationaux

8. Les PCN ont un rôle important à jouer afin d'améliorer la notoriété et l'effectivité des *Principes directeurs*. Bien qu'il incombe aux entreprises de respecter les *Principes directeurs* dans leur comportement quotidien, les gouvernements et leurs PCN peuvent contribuer à améliorer leur mise en œuvre effective. À cette fin, les gouvernements considèrent que des instructions plus précises concernant l'organisation et les activités des PCN sont nécessaires, y compris sous la forme de réunions régulières et d'une supervision de la part du Comité.

9. Beaucoup de fonctions et d'activités décrites dans les Procédures de la Décision ne sont pas nouvelles, mais reflètent l'expérience et les recommandations développées au fil du temps. En les rendant explicites, le fonctionnement attendu des mécanismes de mise en œuvre des *Principes directeurs* gagne en transparence. Toutes les fonctions sont désormais définies en six sections dans les Procédures relatives aux PCN : modalités institutionnelles, information et promotion, circonstances spécifiques, soutien aux efforts des gouvernements en matière de promotion de la conduite responsable des entreprises, établissement de rapports et examen par les pairs.

10. Ces six sections sont précédées d'un paragraphe introductif qui définit la finalité principale des PCN ainsi que les critères essentiels d'efficacité. Dans la mesure où les gouvernements ont une certaine flexibilité dans l'organisation de leurs PCN, ceux-ci devraient tous opérer avec un niveau d'efficacité équivalent, défini comme « équivalence fonctionnelle ». L'équivalence fonctionnelle est essentielle à une contribution effective de l'ensemble du réseau des PCN à la mise en œuvre des *Principes directeurs*, notamment eu égard à l'implication pleine et entière de tous les PCN dans le mécanisme des circonstances spécifiques. Une telle implication de tous les PCN est importante pour la confiance des parties prenantes et la pleine effectivité des PCN à tous les niveaux. Tous les PCN, chacun en fonction de sa situation particulière, rechercheront l'équivalence fonctionnelle dans l'exercice de leurs responsabilités en

remplissant les critères essentiels d'efficacité décrits ci-après, qui aideront également le Comité et le GTCRE dans la conduite des examens par les pairs et les débats sur la conduite des PCN.

Critères essentiels d'efficacité pour l'équivalence fonctionnelle dans l'activité des PCN :

a. Visible.

Conformément à la Décision, les Adhérents s'engagent à instituer des PCN facilement identifiables par les parties prenantes et les organismes publics compétents à l'intérieur et à l'extérieur de leur pays, et à informer les milieux d'affaires, les organisations représentant les travailleurs et les autres parties intéressées, y compris les ONG, de la mise en place des dispositifs associés aux PCN pour la mise en œuvre des *Principes directeurs*. La première étape à cet égard consistera à doter les PCN d'un site web ou d'une page web détaillée. Les gouvernements publieront des informations sur leur PCN, telles que sa position au sein de l'administration, les modalités institutionnelles et les procédures de traitement des affaires, et joueront un rôle actif dans la promotion des *Principes directeurs*, ce qui pourrait inclure des événements et des supports promotionnels au sujet de cet instrument. Ces réunions ou supports pourront être préparés en coopération avec les entreprises, les organisations syndicales, les ONG et d'autres parties intéressées, mais pas nécessairement avec tous ces groupes à chaque occasion.

b. Accessible.

La facilité d'accès aux PCN est importante pour leur bon fonctionnement. Ceci inclut y faciliter l'accès par les entreprises, les syndicats, les ONG et le public en général. Les PCN devraient répondre à toutes les demandes légitimes d'informations et traiter les circonstances spécifiques efficacement et promptement. Les PCN n'exigeront pas de redevance pour le dépôt des affaires et les conditions pour ce faire seront en outre clairement établies et facilement accessibles, sans être inutilement contraignantes. S'il y a lieu et en fonction du temps et du budget dont ils disposent, les PCN peuvent également fournir une assistance impartiale et équitable aux parties impliquées. Une telle assistance peut concerner, par exemple, l'utilisation des langues et les traductions, des conseils sur la présentation d'une affaire recevable et sur la participation à la médiation, la flexibilité concernant les échéances, ou la mise à disposition d'options abordables pour la participation au processus, telles que des dispositifs de réunion à distance.

c. Transparent.

La transparence est un critère important en ce qu'elle concourt à la réalisation des autres critères essentiels d'efficacité et à la confiance des parties prenantes, des parties à des circonstances spécifiques et du public. Ainsi, un principe général, sous réserve de la législation applicable, est que les activités du PCN seront transparentes. Par exemple, la publication des rapports annuels des PCN à l'OCDE peut être un gage de transparence. Néanmoins, dans des circonstances spécifiques, le PCN pourra établir la confidentialité de certains aspects de la procédure, conformément à la section I.C.6-7. des Procédures et aux commentaires y afférents.

d. Responsable.

Compte tenu du rôle des PCN en vue d'améliorer la notoriété des *Principes directeurs* - et de leur potentiel pour faciliter le règlement de questions délicates entre les entreprises et les collectivités au sein desquelles elles opèrent - les PCN rendront compte de leurs activités. Au niveau national, les parlements, les gouvernements, les organes consultatifs des PCN lorsqu'ils existent, ainsi que les parties prenantes, pourraient avoir un rôle à jouer en faisant un retour d'informations sur les activités des PCN et constituer une source d'apprentissage permanent, contribuant ainsi à l'amélioration continue des performances des PCN. Les rapports annuels, les réunions régulières des PCN, les activités d'apprentissage mutuel et les examens par les pairs seront l'occasion de partager l'expérience acquise et d'encourager l'adoption de « meilleures pratiques » par les PCN.

Le Comité et le GTCRE organiseront également des échanges de vues et d'expériences, au cours desquelles l'efficacité des activités des PCN pourra être évaluée.

e. Impartial et équitable.

Être impartial et équitable est un prérequis à la confiance continue des parties prenantes, des parties à des circonstances spécifiques et du public. En conséquence, les gouvernements organiseront leurs PCN de manière à leur permettre d'agir et d'être perçus comme tels. Les PCN assureront l'impartialité dans la résolution des circonstances spécifiques, notamment en cherchant activement à prévenir et à traiter les conflits d'intérêts potentiels ou supposés de toute personne jouant un rôle au nom du PCN en assistant les parties pour régler les problèmes soulevés dans une circonstance spécifique. Les PCN devraient également s'efforcer de garantir, notamment par le biais de procédures de traitement des affaires claires et accessibles, que les parties peuvent participer à la procédure dans des conditions justes et équitables, par exemple en veillant à ce que les déséquilibres de pouvoir et de ressources n'empêchent pas les parties de s'engager réellement dans la procédure, ou en permettant un accès raisonnable à des sources de renseignements pertinentes pour la procédure.

f. Prévisible.

Les PCN, dans le cadre de leurs activités, fourniront au public des informations claires et publiques sur leur rôle et les procédures appliquées pour s'acquitter de leurs responsabilités, en particulier dans la résolution des circonstances spécifiques. Les domaines dans lesquels ces informations devraient être fournies sont les suivants :

- la fourniture de bons offices,
- les différentes étapes de la procédure des circonstances spécifiques, y compris le calendrier indicatif et les critères de l'évaluation initiale,
- les attentes liées à la bonne foi et la confidentialité,
- la nature de la procédure et les résultats possibles, et
- le rôle que les PCN peuvent jouer pour contrôler la mise en œuvre des accords conclus entre les parties ou des recommandations formulées par le PCN.

Les PCN publieront leurs procédures de traitement des affaires rédigées en termes clairs et accessibles, et informeront régulièrement les parties aux circonstances spécifiques de l'évolution de l'affaire, en particulier lorsque les délais indicatifs définis aux paragraphes 51 et 52 ci-dessous doivent être prolongés.

g. Conforme aux *Principes directeurs*.

Les PCN fonctionneront d'une manière compatible avec les *Principes directeurs*. Pour le règlement des problèmes soulevés dans des circonstances spécifiques, cela implique notamment de travailler avec les parties pour éviter toute situation dans laquelle les accords seraient contraires aux *Principes directeurs*, ou dans laquelle leurs procédures de traitement des affaires ne seraient pas conformes aux Procédures.

Modalités institutionnelles

11. Les modalités institutionnelles du PCN lui permettront de remplir les critères essentiels d'efficacité, de garder la confiance des partenaires sociaux, le cas échéant, et d'autres parties prenantes, et d'augmenter la notoriété des *Principes directeurs*. La Décision et les Procédures offrent de la flexibilité aux Adhérents pour décider des modalités institutionnelles de leur PCN, en identifiant différentes options possibles. Ils énumèrent également les caractéristiques minimales nécessaires pour répondre à ces attentes, telles que l'implication des hauts responsables, des ressources humaines et financières suffisantes et un accès suffisant à l'expertise requise sur les questions couvertes par les *Principes*

directeurs. Les gouvernements jouissent d'une certaine flexibilité pour donner un nom différent à leur PCN, adapté à leur contexte national. Pour promouvoir la confiance envers leur PCN, les gouvernements devraient consulter les parties prenantes sur les décisions susceptibles d'avoir une incidence importante sur les modalités institutionnelles du PCN.

12. Quelle que soit la structure que les gouvernements ont choisie pour leur PCN, ils sont encouragés à mettre sur pied des organes consultatifs ou des organes de contrôle multipartites lorsque cela s'avère utile afin d'assister dans l'exécution de leur mission.

13. Avoir des ressources adéquates est essentiel à l'efficacité et à l'autorité des PCN. La Décision requiert des Adhérents qu'ils dotent leurs PCN des ressources humaines et financières nécessaires pour s'acquitter effectivement de leurs responsabilités et remplir pleinement les critères d'efficacité. Les Adhérents sont encouragés à mettre ces ressources à la disposition des PCN dans le cadre d'un budget dédié le cas échéant. En cas de rotation du personnel, les Adhérents devraient assurer la continuité. Il peut s'agir de fournir une formation adéquate au nouveau personnel, selon les besoins et avec le soutien du Secrétariat, et de préserver la mémoire institutionnelle.

14. Les PCN, quelle que soit leur composition, développeront et maintiendront des relations constructives et coopèreront avec les représentants des organismes publics compétents, des milieux d'affaires, des organisations représentant les travailleurs, d'autres organisations non gouvernementales et d'autres parties intéressées, afin d'obtenir le soutien actif et la confiance des parties prenantes.

Information et promotion

15. Les fonctions des PCN se rattachant à l'information et à la promotion sont fondamentales pour accroître la notoriété et la connaissance des *Principes directeurs* auprès des parties prenantes et du public, et encourager les entreprises à agir de manière compatible avec les *Principes directeurs* et à utiliser les guides OCDE sur le devoir de diligence à cette fin.

16. Les PCN sont tenus de promouvoir activement les *Principes directeurs* et sont encouragés à promouvoir les guides OCDE sur le devoir de diligence lorsque cela s'avère pertinent, notamment tel que préconisé dans les Recommandations du Conseil relatives à ces guides, et ce, tout en tenant compte de la nature spécifique des guides conformément au paragraphe 15 du commentaire du chapitre II des *Principes directeurs*. Les activités de promotion peuvent par exemple consister à mettre à disposition de la documentation pour les parties prenantes, organiser des événements sur la conduite responsable des entreprises ou participer à de tels événements. Les événements liés à la conduite responsable des entreprises organisés par l'OCDE, d'autres PCN ou des acteurs concernés pourraient également faire l'objet d'une promotion. Les activités de promotion menées par le PCN et les informations connexes devraient être facilement accessibles, diffusées en ligne ainsi que par d'autres moyens appropriés, y compris dans les langues nationales. Des liens vers les *Principes directeurs* et les guides OCDE sur le devoir de diligence pour la conduite responsable des entreprises devraient figurer sur le site web du PCN. Les versions du texte en anglais et en français seront disponibles auprès du Secrétariat de l'OCDE.

17. Le cas échéant, les PCN s'efforceront de proposer les activités et informations susmentionnées de manière équitable à un éventail diversifié et représentatif de parties prenantes concernées. Les Procédures mentionnent à titre d'exemple les investisseurs potentiels désireux d'investir dans le pays ou à l'étranger. Les PCN sont également encouragés à s'adresser aux organismes publics et aux réseaux diplomatiques compétents, qui peuvent jouer un rôle important d'amplificateur pour promouvoir les *Principes directeurs* et faire connaître le PCN, y compris auprès des parties prenantes d'autres pays. En fonction du contexte et des ressources du PCN, les cartographies des parties prenantes et les plans de promotion peuvent contribuer à accroître la portée et l'impact des efforts de promotion du PCN.

18. Les PCN devraient également donner des informations sur leurs responsabilités et activités en tenant compte des critères essentiels d'efficacité. Les PCN devraient promouvoir leur rôle dans les circonstances spécifiques auprès des parties prenantes concernées, y compris, si possible et s'il y a lieu,

auprès des requérants potentiels. Cela devra comprendre des informations sur la marche à suivre par les parties pour soumettre ou répondre à une circonstance spécifique, des conseils concernant les informations nécessaires pour soumettre une circonstance spécifique, les obligations qui incombent aux parties impliquées dans une circonstance spécifique, notamment en matière de confidentialité, et les procédures et le calendrier indicatif que les PCN appliqueront.

19. Dans le cadre de leurs efforts pour augmenter la connaissance des *Principes directeurs*, les PCN coopéreront avec un large éventail d'organisations et de personnes, y compris selon les circonstances, les organismes publics compétents, les milieux d'affaires, les organisations représentant les travailleurs, d'autres organisations non gouvernementales et d'autres parties intéressées. Ces organisations ont un intérêt important à promouvoir les *Principes directeurs* et leurs réseaux institutionnels offrent des possibilités de promotion qui, si elles sont utilisées à cette fin, permettront d'amplifier largement les efforts déployés en ce sens par les PCN.

20. Une autre activité de base attendue des PCN est de répondre aux demandes légitimes de renseignements. L'attention est attirée en particulier sur trois groupes : i) les autres PCN (la Décision comporte une disposition spécifique à cet effet) ; ii) les milieux d'affaires, les organisations représentant les travailleurs, les autres organisations non gouvernementales et le public ; iii) les gouvernements des non-Adhérents.

21. Pour soutenir le Comité et le GTCRE dans la promotion proactive de la mise en œuvre des *Principes directeurs*, les PCN devraient rester en contact régulier, notamment par le biais de réunions, avec les partenaires sociaux, le cas échéant, et les autres parties prenantes de façon à :

a) examiner les évolutions nouvelles et les pratiques émergentes en matière de conduite responsable des entreprises ;

b) soutenir la contribution positive que les entreprises peuvent apporter au progrès économique, social et environnemental ;

c) participer le cas échéant aux initiatives collaboratives visant à identifier les risques d'impacts négatifs liés à des produits, des régions, des secteurs ou des industries spécifiques, et à répondre à ces risques.

Apprentissage mutuel

22. Outre leur contribution aux travaux d'amélioration de l'effectivité des *Principes directeurs* menés par le Comité et le GTCRE, les PCN prendront part à des activités conjointes d'apprentissage mutuel. Cet apprentissage mutuel peut se dérouler dans le cadre de réunions organisées à l'OCDE ou d'une coopération directe entre les PCN.

Examens par les pairs

23. Les examens par les pairs constituent un mécanisme important permettant de renforcer la mise en œuvre effective des *Principes directeurs*, de partager les meilleures pratiques et de favoriser l'équivalence fonctionnelle. Comme le prévoit la Décision, les Adhérents s'engagent à entreprendre des examens par les pairs périodiques des PCN. Le Secrétariat organisera de tels examens par les pairs sous la supervision du GTCRE. Les examens par les pairs évaluent les forces et les faiblesses du PCN au regard de l'exécution de son mandat et des critères essentiels d'efficacité définis dans la section I des Procédures, et formulent, le cas échéant, des recommandations visant des améliorations.

24. Les modalités des examens par les pairs périodiques (processus, durée du cycle d'examen et dispositifs de financement) seront définies dans un « modèle de base pour les examens par les pairs des PCN » qui sera approuvé par consensus par le GTCRE et publié sur le site internet de l'OCDE. Le GTCRE réexaminera le modèle de base au terme de chaque cycle, notamment pour s'assurer que les PCN disposent de suffisamment de temps pour préparer leurs examens par les pairs, que les examens par les

pairs ne représentent pas une charge déraisonnable, sont efficaces par rapport à leur coût pour les gouvernements et les PCN (y compris les PCN examinateurs), et prennent en compte la charge de travail du GTCRE et du Secrétariat, et que le processus de sélection des PCN examinateurs garantit que l'ensemble des PCN reçoivent la possibilité de participer aux équipes chargées de conduire les examens par les pairs. Le cycle d'examens par les pairs périodiques ne commencera pas tant que les modalités n'auront pas été approuvées par le GTCRE.

Circonstances spécifiques

25. Lorsque des problèmes se posent concernant la mise en œuvre des *Principes directeurs* dans des circonstances spécifiques, le PCN devra contribuer à les résoudre en jouant un rôle de mécanisme de réclamation non judiciaire. Dans ce contexte, les PCN viseront à faciliter le dialogue entre les parties et à les soutenir dans la recherche de solutions mutuellement acceptables et compatibles avec les *Principes directeurs* aux problèmes soulevés, mais aussi d'éclairer activement ce dialogue grâce à leur expertise des *Principes directeurs*. Les PCN devraient également rédiger des communiqués finaux proposant des orientations sur la manière de résoudre ces problèmes et de mettre en œuvre les *Principes directeurs*. Le Guide OCDE sur le devoir de diligence pour une conduite responsable des entreprises et les guides OCDE sectoriels sur le devoir de diligence sont une ressource précieuse pour les PCN afin de mieux comprendre et promouvoir les *Principes directeurs*, mais ils n'ont pas vocation à constituer la seule base pour soumettre une circonstance spécifique. Chaque PCN publiera des procédures de traitement des affaires claires et facilement accessibles décrivant la procédure applicable aux circonstances spécifiques conformément aux présentes Procédures. Les PCN sont encouragés à élaborer leurs procédures de traitement des affaires en consultation avec les parties prenantes.

Engagement de bonne foi

26. La procédure relative aux circonstances spécifiques est une procédure volontaire. Un engagement de bonne foi est attendu de l'ensemble des parties concernées par la procédure. Dans ce contexte, un engagement de bonne foi signifie répondre promptement, respecter le cas échéant les exigences de confidentialité des informations conformément aux procédures de traitement des affaires du PCN, s'abstenir de donner des informations incorrectes concernant le problèmes soulevés et la procédure, notamment dans les communications publiques, et de menacer de représailles les parties impliquées dans la procédure ou le PCN en tant que tel, ou d'exercer effectivement de telles représailles, et s'engager sincèrement dans les procédures avec la volonté de parvenir à une résolution des problèmes soulevées compatible avec les *Principes directeurs*, y compris en prenant sérieusement en considération toute offre de bons offices par le PCN.

27. Si un PCN a connaissance d'une menace ou de l'existence de représailles à l'encontre d'une personne impliquée dans une circonstance spécifique, ou du PCN ou de l'un de ses membres, il devrait prendre des mesures dans la limite de ses capacités, et en consultation avec d'autres entités publiques compétentes telles que les missions diplomatiques, le cas échéant, dans le but de garantir que la personne menacée bénéficie de mesures de protection appropriées et que les procédures puissent se poursuivre de manière sûre, accessible, équitable et impartiale. Avant d'entreprendre toute action à cet égard, le PCN consultera la personne menacée si possible. Les représailles peuvent prendre la forme de menaces de nuire à la personne, à sa famille ou à d'autres proches, de menaces injustifiées de mettre fin à un emploi ou à des prestations, ou de menaces injustifiées d'action judiciaire. Les mesures appropriées peuvent consister, par exemple, à garder confidentielle l'identité de la personne menacée, à suggérer à cette personne de se faire représenter par un tiers de confiance, à décrire les tentatives de représailles dans des communiqués, à prendre contact avec les autorités compétentes ou assister la personne menacée pour le faire.

28. En outre, pour garantir l'accessibilité et l'impartialité, les gouvernements devraient prendre des mesures appropriées pour protéger le PCN et ses membres de représailles, conformément à la législation

nationale et en consultation avec les autorités publiques compétentes. Les gouvernements devraient soutenir les mesures prises par le PCN visant à se protéger et à protéger ses membres.

Coordination entre les PCN dans des circonstances spécifiques

29. Étant donné que les Adhérents adressent les *Principes directeurs* aux entreprises opérant « dans ou depuis » leur territoire, les PCN peuvent recevoir des circonstances spécifiques se rapportant à des problèmes survenant dans leur pays ou alternativement à des problèmes impliquant des entreprises établies dans leur pays. Par conséquent, certaines circonstances spécifiques peuvent concerner les PCN de plusieurs Adhérents, par exemple :

- lorsqu'une circonstance spécifique implique différents pays adhérents d'origine et d'accueil (par exemple, les activités d'une entreprise ayant son siège dans un Adhérent qui auraient des impacts dans un autre Adhérent, ou une entreprise ayant différents sièges dans plusieurs Adhérents) ;
- lorsque les problèmes soulevés dans une circonstance spécifique se posent dans plusieurs Adhérents ou concernent plusieurs entreprises établies dans plusieurs Adhérents ;
- lorsque la même circonstance spécifique ou des circonstances spécifiques connexes (telles que des circonstances spécifiques impliquant différentes entreprises actives au sein d'un même projet ou d'une même chaîne d'approvisionnement) sont soumises à plusieurs PCN.

Dans ce cas, les PCN qui auront reçu la (les) circonstance(s) spécifique(s) informeront et se coordonneront dès le début avec tous les autres PCN concernés, avec l'objectif de désigner le PCN principal et les PCN de soutien et d'adopter des modalités de coordination.

30. Généralement, le PCN principal serait celui du pays dans lequel les problèmes auront été soulevées. Dans certaines situations, d'autres critères peuvent néanmoins s'appliquer, par exemple en cas de besoin pour contribuer à la résolution des problèmes soulevés ou lorsque ces problèmes sont survenus dans un non-Adhérent. Les parties devraient être tenues informées des modalités de coordination et consultées sur les décisions de transfert de l'affaire à un PCN principal autre que celui à qui l'affaire a été soumise.

31. Le PCN principal est responsable de tous les aspects du processus de circonstance spécifique et ses procédures de traitement des affaires s'appliqueront au processus. Tout au long de la procédure de circonstance spécifique, les PCN de soutien seront tenus informés des évolutions et pourront y apporter leurs moyens, par exemple en examinant les communiqués/rapports, en fournissant des services de traduction, en contribuant à des réunions conjointes avec les parties et en apportant d'autres formes d'assistance pratique. Les PCN de soutien agiront de bonne foi pour favoriser la résolution de la circonstance spécifique et tous les PCN impliqués respecteront la confidentialité et l'utilisation appropriée des informations et des documents reçus d'autres PCN.

32. Les PCN peuvent demander l'assistance du (de la) Président(e) du GTCRE, y compris des propositions, lors des discussions relatives à la sélection du PCN principal et des PCN de soutien, et à leur coordination. Faute de consensus, le(s) PCN ayant reçu la (les) circonstance(s) spécifique(s) devraient prendre une décision finale sur l'affaire en consultant les autres PCN concernés et les tenir régulièrement informés de l'état d'avancement.

Évaluation initiale

33. Après avoir consulté les parties relativement aux problèmes soulevés et, s'il y lieu, s'être coordonné avec les autres PCN concernés afin de désigner un PCN principal en vertu des paragraphes 29-32 ci-dessus, le PCN procédera à une évaluation initiale sur la question de savoir si le problème soulevé appelle un examen approfondi.

Dans le cadre de cette évaluation initiale, le PCN tiendra compte :

- de l'identité de la partie concernée et de son intérêt dans l'affaire ;

- du caractère significatif du problème soulevé (càd, s'il est pertinent pour la mise en œuvre des *Principes directeurs*) et de sa recevabilité (càd, s'il est étayé par des informations suffisantes et crédibles) ;
- de la question de savoir si l'entreprise est couverte par les *Principes directeurs* ;
- du lien apparent entre les activités de l'entreprise et le problème soulevé dans la circonstance spécifique ;
- de la mesure dans laquelle les lois applicables et/ou des procédures parallèles limitent la capacité du PCN à contribuer à la résolution des problèmes soulevés ou à la mise en œuvre des *Principes directeurs*, à la lumière du paragraphe 35 ci-après ;
- de l'intérêt de l'examen approfondi des problèmes au regard des objectifs visés par les *Principes directeurs* et de l'effectivité de leur mise en œuvre.

34. Après son évaluation initiale, le PCN répondra aux parties concernées. S'il décide que les problèmes n'appellent pas d'examen approfondi, il informera les parties des motifs de sa décision. La décision qu'une affaire mérite un examen approfondi ne signifie pas que les problèmes soulevés ont fait l'objet d'un examen complet et n'implique aucune conclusion quant à la question de savoir si l'entreprise a agi conformément aux *Principes directeurs* ou pas.

Procédures parallèles

35. Le terme « procédures parallèles » désigne les procédures judiciaires ou non judiciaires, de nature nationale ou internationale, portant sur des problèmes identiques ou étroitement liés et susceptibles d'influer sur la circonstance spécifique en cours. Si des procédures parallèles ont existé, sont en cours ou pourraient être menées par les parties intéressées, cela n'empêche pas le PCN d'offrir ses bons offices aux parties. Les PCN devraient essayer de déterminer si une offre de bons offices pourrait contribuer de manière positive à la résolution des problèmes soulevés et/ou à la mise en œuvre des *Principes directeurs* à l'avenir, et si cela ne risque pas d'entraîner un préjudice grave pour l'une ou l'autre des parties engagées dans ces autres procédures, ou de constituer une atteinte à l'autorité de la justice. Pour ce faire, les PCN peuvent tenir compte des pratiques en vigueur dans les autres PCN, envisager la possibilité d'accepter partiellement la circonstance spécifique ou de suspendre son examen pendant la durée de la procédure parallèle et, le cas échéant, consulter les instances devant lesquelles ces procédures parallèles sont menées ou pourraient l'être. Les PCN solliciteront l'assistance des parties lors de l'examen de ces questions en demandant toutes les informations et points de vue utiles sur les procédures parallèles.

Bons offices

36. Si les problèmes soulevés appellent un examen approfondi, le PCN offrira ses « bons offices » pour tenter de contribuer à leur résolution. Dans le cadre de ses bons offices, le PCN peut demander l'avis des autorités compétentes, ainsi que des représentants des milieux d'affaires, des organisations syndicales, d'autres organisations non gouvernementales et d'experts, conformément à ses propres procédures de traitement des affaires. La consultation des PCN dans d'autres pays ou la demande d'informations au Secrétariat ou d'avis auprès du GTCRE sur des points touchant à l'interprétation des *Principes directeurs* pourront également contribuer à la résolution des problèmes soulevés.

37. Par le biais de leurs bons offices, les PCN offriront une plateforme de dialogue entre les parties afin de les assister dans la résolution des problèmes soulevés. Conformément à la nature non judiciaire de la procédure de circonstance spécifique, et sous réserve du consentement des parties, le rôle du PCN consiste notamment à créer les conditions d'un dialogue et d'un accord entre les parties autour d'un engagement de l'entreprise à poursuivre la mise en œuvre des *Principes directeurs* à l'avenir et, le cas échéant, à remédier, conformément aux *Principes directeurs*, aux impacts négatifs qui ont pu se produire. Tout en facilitant le dialogue, le PCN devrait expliquer les dispositions des *Principes directeurs* se rapportant aux problèmes soulevés afin de soutenir les parties dans la recherche d'un accord conforme aux *Principes directeurs*.

38. Dans le cadre de leur offre de bons offices, et si cela est pertinent pour les problèmes soulevés, les PCN offriront ou faciliteront l'accès à des mécanismes consensuels, non contentieux, telles que la médiation et la conciliation, afin d'assister les parties dans la résolution des problèmes soulevés. Comme c'est le cas pour les pratiques admises de conciliation et de médiation, ces mécanismes ne seront utilisés qu'avec l'accord des parties concernées et à condition qu'elles s'engagent à participer de bonne foi à la procédure. Si la médiation est l'option choisie, les PCN peuvent choisir de mener eux-mêmes la médiation ou d'engager, en consultation avec les parties, des médiateurs externes pour mener ou soutenir la médiation.

Conclusion de la procédure

39. Les PCN devront toujours rendre publiques les résultats d'une procédure de circonstance spécifique, conformément aux paragraphes I.C-4 et I.C-6 des Procédures.

40. Si après avoir procédé à son évaluation initiale, un PCN décide que les problèmes soulevés dans le cadre de la circonstance spécifique n'appellent pas un examen approfondi, il publiera un communiqué après avoir consulté les parties concernées et en tenant compte de la nécessité de respecter la confidentialité des informations sensibles, commerciales ou autres. Si, à partir des conclusions de son évaluation initiale, un PCN estime qu'il serait contraire à l'équité de dévoiler publiquement l'identité d'une partie dans un communiqué relatif à sa décision, il pourra rédiger ce communiqué de façon à protéger l'identité de la partie concernée.

41. Le PCN peut également rendre publique sa décision que les problèmes appellent un examen approfondi et son offre de bons offices aux parties concernées.

42. Si les parties concernées parviennent à un accord sur les problèmes soulevés, elles devraient indiquer dans celui-ci comment et dans quelle mesure le contenu de leur accord sera rendu public. Le PCN, en consultation avec les autres parties, publiera un communiqué présentant les résultats de la procédure. Le PCN peut faire des recommandations sur la mise en œuvre des *Principes directeurs* même s'il existe un accord ou un accord partiel entre les parties.

43. Si les parties impliquées ne parviennent pas à s'entendre sur tout ou partie des problèmes soulevés, si l'une ou les deux parties se retirent de la procédure, ou si le PCN estime que l'une ou plusieurs des parties à la procédure de circonstance spécifique refuse de s'engager ou d'y participer de bonne foi, il publiera un communiqué et formulera le cas échéant des recommandations sur la mise en œuvre des *Principes directeurs* en rapport avec les problèmes soulevés. Cette procédure établit de manière claire que le PCN publiera un communiqué, même s'il estime qu'une recommandation spécifique n'est pas nécessaire. Ce communiqué devrait mentionner l'identité des parties concernées, les problèmes soulevés, la date à laquelle ces problèmes ont été soulevés auprès du PCN, les recommandations éventuelles du PCN et toute observation qu'il jugera utile d'inclure sur les raisons pour lesquelles la procédure n'a pas mené à un accord.

44. Le cas échéant et lorsque cela est pertinent pour la résolution des problèmes soulevés, le PCN peut également discrétionnairement exposer son point de vue dans son communiqué final sur le respect (ou le non-respect) des *Principes directeurs* par l'entreprise, si le droit national applicable et ses procédures de traitement des affaires le permettent. De la même manière, s'il y a lieu, le PCN peut informer les organes publics compétents de l'engagement de bonne foi des parties ou de l'absence d'un tel engagement, et devrait communiquer de manière transparente avec les parties au sujet de toute action envisagée ou effective à cet égard.

45. Le PCN devrait donner aux parties la possibilité de formuler des commentaires sur tout projet de communiqué. Toutefois, ce communiqué est celui du PCN et il pourra décider discrétionnairement de modifier ou pas le projet de communiqué en fonction des commentaires des parties.

Suivi

46. Les PCN assureront le suivi des accords qu'ils facilitent ou des recommandations qu'ils formulent, le cas échéant. Un tel suivi peut par exemple ne pas s'avérer pertinent lorsque les parties y renoncent ou conviennent que les problèmes soulevés ont été entièrement résolus. Les échéances de ce suivi devraient être indiquées dans le communiqué du PCN. Le suivi peut comprendre, par exemple, la demande de rapports d'information aux parties, ou une ou plusieurs réunions entre le PCN et les parties (soit séparément, soit ensemble) afin d'évaluer les progrès de la mise en œuvre des engagements pris dans l'accord, ou des recommandations du PCN. Le PCN devrait publier des communiqués de suivi après avoir effectué son suivi.

Transparence et confidentialité

47. La transparence est reconnue comme un principe général pour la conduite des PCN (voir ci-avant le paragraphe 10c dans la section sur les « critères essentiels d'efficacité »). Toutefois, le paragraphe I.C-6. des Procédures admet qu'il existe des circonstances particulières dans lesquelles il est justifié de préserver la confidentialité de certains faits et arguments avancés par les parties. Par exemple, le PCN prendra les mesures nécessaires pour protéger les informations commerciales sensibles, telles que les secrets d'affaires. De même, d'autres informations, telles que l'identité des personnes impliquées dans la procédure, devraient rester confidentielles, par exemple si leur divulgation expose ces dernières ou leurs proches à des risques de représailles. Néanmoins, il demeure important de trouver un équilibre entre transparence et confidentialité afin de susciter la confiance envers la procédure de circonstance spécifique et de promouvoir la mise en œuvre effective des *Principes directeurs*. Il est admis que les PCN peuvent être tenus de respecter les lois nationales en matière de transparence et de publication d'informations, indépendamment de ces dispositions.

48. S'agissant du partage d'informations entre les parties, dans l'intérêt d'une procédure équitable, le PCN devrait, en principe, informer les parties de tous les faits et arguments pertinents avancés auprès du PCN par les autres parties au cours de la procédure (en particulier au cours de la phase de bons offices). Si une partie fait une demande raisonnable de ne pas transmettre l'intégralité de ses observations à l'autre partie, notamment par souci de protéger des informations commerciales sensibles et les intérêts d'autres parties prenantes, le PCN devrait collaborer avec la partie concernée en vue d'expurger tout contenu sensible et ainsi faciliter la transmission. Dans la mesure du possible, les PCN devraient éviter de fonder des aspects fondamentaux de leurs décisions sur des informations qui ne sont pas accessibles aux deux parties.

49. Concernant une éventuelle communication publique ou avec des tiers, conformément au critère essentiel d'efficacité de la transparence, les parties et le PCN peuvent divulguer l'existence d'une circonstance spécifique, sauf accord contraire entre les parties et le PCN. Les PCN sont par ailleurs encouragés à permettre aux parties de communiquer publiquement sur l'étape du processus tel que décrit à la section I.C.1.-5 des Procédures (ou à le faire elles-mêmes) et à autoriser les parties concernées à publier leur demande ou réponse initiale. Les deux parties peuvent également discuter des informations ou des documents partagés par l'autre partie avec leurs conseillers à la circonstance spécifique, à condition que ces derniers ne divulguent pas les informations en question. Les autres informations seront confidentielles, sauf accord contraire des parties. En particulier, les PCN informeront les parties dès le début de la procédure qu'ils ne peuvent à aucun moment divulguer des faits et des arguments partagés au cours de la procédure par l'autre partie ou par le PCN (y compris, le cas échéant, par un médiateur ou conciliateur extérieur) et qui ne sont pas déjà dans le domaine public, sans le consentement de l'autre partie ou du PCN, respectivement. Dans l'intérêt de la prévisibilité et de la confiance, les PCN peuvent demander des garanties écrites aux parties et à leurs conseillers à cet égard, et adopter des dispositions dans leurs procédures de traitement des affaires qui encouragent le respect de leurs demandes de non-divulgation.

Problèmes survenant dans des non-Adhérents

50. Comme l'indique le paragraphe 2 du chapitre sur les concepts et principes, les entreprises sont encouragées à respecter les *Principes directeurs* partout où elles exercent leurs activités, en tenant compte de la situation particulière de chaque pays d'accueil.

- Si des problèmes se rapportant aux *Principes directeurs* se posent dans un non-Adhérent, les PCN des pays d'origine prendront des mesures afin de parvenir à une meilleure compréhension des problèmes soulevés. S'il peut se révéler parfois impraticable d'accéder à certaines informations pertinentes, ou de réunir toutes les parties impliquées, le PCN peut être néanmoins à même de demander des renseignements et de procéder à des investigations. Entrer en contact avec la direction de l'entreprise dans le pays d'origine et, éventuellement, avec les ambassades et les autorités compétentes du non-Adhérent, sont des exemples de ces mesures.
- Des contradictions avec les lois, les règlements et les politiques des pays d'accueil peuvent rendre la mise en œuvre effective des *Principes directeurs* dans des circonstances spécifiques plus difficile que dans les Adhérents. Comme noté dans le commentaire du chapitre sur les principes généraux, si les *Principes directeurs* vont au-delà des législations dans de nombreux cas, ils ne devraient pas et n'ont pas pour objet de mettre l'entreprise dans une situation où elle aurait à faire face à des obligations contradictoires.
- Les parties impliquées devront être avisées des limitations inhérentes à la mise en œuvre des *Principes directeurs* dans les non-Adhérents.
- Les problèmes posés par l'application des *Principes directeurs* dans les non-Adhérents pourraient également être examinés lors des réunions des PCN afin de contribuer à accroître l'expertise relative au traitement des problèmes soulevés dans les non-Adhérents.

Calendrier indicatif

51. Une procédure engagée dans le cadre d'une circonstance spécifique se déroule en cinq étapes :

1. *Coordination :* le cas échéant, se coordonner avec d'autres PCN en fonction des caractéristiques de la circonstance spécifique reçue afin de déterminer le PCN principal. Les premières mesures de coordination visant à désigner le PCN principal et les PCN de soutien devraient être prises dans un délai de deux mois.
2. *Évaluation initiale et décision sur l'offre de bons offices pour assister les parties :* les PCN devraient s'efforcer de conclure leur évaluation initiale dans un délai de trois mois suivant l'identification du PCN principal et des PCN de soutien, bien qu'un délai supplémentaire puisse quelquefois être nécessaire pour recueillir ou traduire les informations nécessaires à une décision éclairée.
3. *Assistance aux parties s'efforçant de résoudre les problèmes soulevés :* si un PCN décide d'offrir ses bons offices, il devra s'efforcer de faciliter promptement la résolution des problèmes. Reconnaissant que tout progrès permis par ces bons offices, y compris au moyen de procédures de médiation et de conciliation, dépendent en dernier ressort des parties concernées, le PCN devrait, après consultation des parties, définir un calendrier raisonnable de discussion entre elles pour résoudre les problèmes soulevés. Si elles n'arrivent pas à conclure un accord endéans ce calendrier, le PCN devrait consulter les parties pour déterminer s'il y a un intérêt à continuer à leur apporter son assistance ; s'il conclut que la poursuite de la procédure ne risque pas d'aboutir à un résultat, il devrait mettre un terme à la procédure et préparer un communiqué.
4. *Conclusion de la procédure :* le PCN devrait s'efforcer de publier son communiqué dans les trois mois suivant la conclusion de la procédure.
5. *Suivi :* le PCN peut fixer son propre calendrier de suivi en consultation avec les parties.

52. En règle générale, les PCN devront s'efforcer de conclure les procédures dans les 12 mois (14 mois si une coordination est nécessaire pour désigner un PCN principal) suivant la réception de la

circonstance spécifique jusqu'à sa conclusion. Il est toutefois entendu que ce délai pourra être étendu si les circonstances le justifient, par exemple si les problèmes soulevés surviennent dans un non-Adhérent, lorsque la circonstance spécifique concerne plusieurs entreprises, plusieurs requérants et plusieurs PCN, ou si des traductions sont nécessaires. En cas de retard probables ou constatés dans le traitement d'une circonstance spécifique, le PCN devrait en informer les parties promptement, afin que la procédure reste prévisible. Conformément à ses procédures de traitement des affaires, le PCN peut décider de publier des points d'information sur l'état d'avancement des affaires.

Rapports au GTCRE et au Comité de l'investissement

53. L'établissement de rapports est une responsabilité importante des PCN qui pourrait également permettre de constituer une base de connaissances et de compétences essentielles pour améliorer l'effectivité des *Principes directeurs*. Sachant cela, les PCN soumettront leur rapport annuel au GTCRE et au Comité de l'investissement qui permettra d'inclure dans le Rapport annuel sur les *Principes directeurs* de l'OCDE des informations relatives à toutes les circonstances spécifiques invoquées par les parties. Le GTCRE fournira au Comité une analyse des rapports annuels des PCN à inclure dans le Rapport annuel sur les *Principes directeurs*. Les rapports annuels des PCN devront inclure les circonstances spécifiques au stade de la coordination, de l'évaluation initiale, des bons offices, de la conclusion ou du suivi. Dans leurs rapports sur les activités de mise en œuvre dans des circonstances spécifiques, les PCN se conformeront aux principes de transparence et de confidentialité décrits au paragraphe I.C-6-7 des Procédures et dans leurs procédures de traitement des affaires.

Soutien aux efforts des gouvernements en matière de promotion de la conduite responsable des entreprises

54. La Décision reconnaît le soutien que les PCN peuvent apporter à l'élaboration, à l'administration et à la cohérence des politiques et programmes des gouvernements qui promeuvent la conduite responsable des entreprises, le cas échéant et en accord avec les organismes publics compétents. En particulier, les PCN peuvent soutenir l'alignement de ces efforts sur les *Principes directeurs* et contribuer à maintenir leur statut de norme internationale en matière de conduite responsable des entreprises, ainsi que sur d'autres instruments et orientations de l'OCDE qui découlent des *Principes directeurs*, tels que les guides OCDE sur le devoir de diligence.

55. Les PCN peuvent soutenir de diverses manières les efforts déployés par leur gouvernement pour élaborer, mettre en œuvre et favoriser la cohérence des politiques de promotion de la conduite responsable des entreprises, en fonction du contexte. Premièrement, les PCN sont encouragés à transmettre leurs communiqués et leurs rapports, ainsi que d'autres données, enquêtes et réflexions, aux organismes publics compétents, lorsqu'ils savent que la teneur de ces documents peut être pertinente pour les politiques ou programmes d'un organisme spécifique, tels que la défense des intérêts commerciaux, la diplomatie économique ou d'autres formes de soutien et de services aux entreprises. Deuxièmement, des Adhérents ont jugé utile d'associer leur PCN à l'élaboration et à la mise en œuvre de politiques ou de programmes tels que les plans d'action nationaux sur la conduite responsable des entreprises et/ou les entreprises et les droits humains. Cette disposition ne modifie en rien le caractère volontaire des *Principes directeurs*, et tout soutien fourni par le PCN ou sollicité auprès de celui-ci devrait tenir compte de ses capacités et de ses priorités, et ne devrait pas l'empêcher de s'acquitter de ses responsabilités décrites dans la Décision et les Procédures.

II. Commentaire sur les Procédures pour le Comité de l'investissement, le GTCRE et le Secrétariat

56. Les Procédures jointes à la Décision du Conseil comportent également des orientations à l'intention du Comité, du GTCRE et du Secrétariat pour l'exercice de leurs responsabilités, y compris :

- Exercer leurs responsabilités efficacement et promptement.
- Étudier les demandes d'assistance des PCN, notamment en fournissant des clarifications, des orientations et des informations quant à l'interprétation des *Principes directeurs* dans des circonstances spécifiques.
- Organiser des échanges de vues sur les activités des PCN.
- Ménager la possibilité de demander des conseils à des partenaires ou à des spécialistes internationaux.

57. Le caractère non contraignant des *Principes directeurs* interdit au Comité d'agir comme un organe judiciaire ou quasi judiciaire. Les conclusions et les communiqués émanant des PCN (autres que les interprétations des *Principes directeurs*) ne devraient pas non plus être remis en question par un renvoi au Comité. La disposition prévoyant que le Comité ne tirera pas de conclusions sur la conduite d'entreprises déterminées a été maintenue dans la Décision même.

58. Le Secrétariat et le GTCRE étudieront les demandes d'assistance des PCN lorsqu'il existe un doute quant à l'interprétation des *Principes directeurs* dans des circonstances spécifiques en cours. Dans de telles situations, les PCN devraient d'abord contacter le Secrétariat pour obtenir des informations sur l'interprétation des *Principes directeurs* dans des affaires similaires. Si ces informations ne sont pas disponibles ou sont insuffisantes pour assister le PCN, ou si le Secrétariat n'est pas en mesure d'assister le PCN, ce dernier peut solliciter des orientations de la part du GTCRE. Ces demandes seront traitées de manière confidentielle et, sous réserve de la disponibilité des ressources, dans les meilleurs délais. Pour accélérer le traitement des demandes d'orientations, le GTCRE peut organiser des réunions ad hoc ou créer un sous-groupe chargé de répondre à ces demandes. Dans ce cas, le GTCRE élaborera les procédures à appliquer par le sous-groupe. Les informations fournies par le Secrétariat et les orientations du GTCRE sont confidentielles, spécifiques à chaque affaire et consultatives. Le Secrétariat rendra périodiquement compte au GTCRE, et ce dernier rendra périodiquement compte au Comité de l'investissement, des questions qui ont donné lieu à des demandes d'information et d'orientations, et des réponses apportées, dans le respect de la confidentialité. Si le GTCRE estime qu'une question sur laquelle une orientation est demandée nécessite une clarification quant à l'interprétation des *Principes directeurs*, il invitera le PCN à solliciter une clarification du Comité en vertu de la section II.2.c) des Procédures.

59. Clarifier l'interprétation des *Principes directeurs* en vertu du paragraphe II.2.c) des Procédures reste une responsabilité essentielle du Comité, afin de s'assurer que l'interprétation des *Principes directeurs* ne varie pas d'un pays à l'autre. Une demande de clarification peut être déposée par un Adhérent, un organe consultatif (BIAC ou TUAC) ou OECD Watch, notamment pour savoir si un PCN a correctement interprété les *Principes directeurs* ou une précédente clarification du Comité au cours d'une circonstance spécifique clôturée. Les éclaircissements du Comité seront préparés par le GTCRE avec le concours du Secrétariat, conformément à des procédures à définir par le Comité, et seront rendus public sur le site internet de l'OCDE. Le Comité de l'investissement ne tirera pas de conclusions sur la conduite d'entreprises déterminées dans le cadre de ses clarifications, et les PCN ne devront pas rouvrir une circonstance spécifique à la suite d'une clarification.

60. Lors des discussions sur les activités des PCN, le Comité pourra formuler des recommandations, si besoin, afin d'en améliorer le fonctionnement, notamment dans l'optique d'une mise en œuvre effective des *Principes directeurs*, et pour remédier à toute situation dans laquelle un PCN devient défaillant. En particulier, le Comité peut déterminer, sur la base des deux derniers cycles de rapports annuels d'un PCN et sur proposition du GTCRE, qu'un PCN, pendant une période prolongée et sans raison légitime, n'a manifestement pas fonctionné d'une manière conforme aux Procédures. Ce constat peut reposer, par exemple, sur le défaut récurrent dans l'allocation des ressources nécessaires à l'exercice normal des responsabilités du PCN, sur des modalités institutionnelles clairement inadéquates, sur l'absence d'activités de promotion, sur des retards injustifiés répétés et significatifs dans le traitement des circonstances spécifiques, ou sur l'absence de rapports. Le Comité peut alors adresser des

recommandations au pays du PCN et l'inviter à faire rapport sur leur mise en œuvre dans un délai déterminé et formuler d'autres recommandations si ledit rapport ne permet pas au Comité de constater que le PCN fonctionne d'une manière conforme aux Procédures. Le Comité peut demander au Secrétariat d'assister l'Adhérent dans la mise en œuvre des recommandations. L'Adhérent dont le PCN est concerné devra participer à la procédure de bonne foi et se rallier au consensus, sauf circonstances exceptionnelles, telles que déterminées par ce même pays.

61. Le Comité examinera également les demandes dûment motivées émanant d'un pays adhérent, d'un organe consultatif (BIAC ou TUAC) ou d'OECD Watch signalant qu'un PCN ne s'est pas acquitté de ses obligations procédurales dans la mise en œuvre des *Principes directeurs* dans des circonstances spécifiques. La réponse du Comité sera préparée par le GTCRE avec le concours du Secrétariat, conformément aux procédures définies par le Comité. Elle sera approuvée par consensus. L'Adhérent dont le PCN est l'objet de la demande dûment motivée devra participer à la procédure de bonne foi et se rallier au consensus, sauf circonstances exceptionnelles, telles que déterminées par ce même pays. Le Comité donnera à l'Adhérent concerné la possibilité d'exprimer son point de vue sur la demande dûment motivée avant de prendre sa décision, et le Comité pourra inviter l'Adhérent à rendre compte de la mise en œuvre de toute recommandation dans un délai de douze mois à compter de la réponse.

62. Pour s'engager auprès des non-Adhérents sur des questions couvertes par les *Principes directeurs*, le Comité pourra inviter des non-Adhérents intéressés à ses réunions, aux Tables rondes annuelles sur la responsabilité des entreprises ou à des réunions consacrées à des projets spécifiques dans le domaine de la conduite responsable des entreprises.

63. Enfin, le Comité et le GTCRE peuvent décider de faire appel à des spécialistes pour examiner et faire rapport sur des questions plus générales (par exemple le travail des enfants ou les droits humains) ou des problèmes précis, ou en vue d'améliorer l'efficacité des procédures. À cette fin, le Comité de l'investissement pourra faire appel à des experts de l'OCDE, d'autres organisations internationales, d'organes consultatifs (BIAC et TUAC), d'OECD Watch, d'organisations non gouvernementales, de milieux universitaires et autres. Il est entendu que ces experts ne pourront pas constituer un panel chargé de régler des problèmes particuliers.

www.ingramcontent.com/pod-product-compliance
Lightning Source LLC
LaVergne TN
LVHW082047051026
849532LV00011B/3511